LATIDOS
DE FIN DE SIGLO

Luis Rojas Marcos

LATIDOS
DE FIN DE SIGLO

ESPASA

ESPASA ℭ SELECCIÓN

Director Editorial: Javier de Juan y Peñalosa
Editora: Pilar Cortés

© Luis Rojas Marcos, 1996
© Espasa Calpe, S. A., 1996

Diseño de cubierta: Tasmanias
Fotografía de portada: Bernardo Pérez/*El País*

Depósito legal: M. 31.461-1996
ISBN: 84-239-7829-X

Impreso en España / Printed in Spain
Impresión: BROSMAC, S. L.

Editorial Espasa Calpe, S. A.
Carretera de Irún, km 12,200. 28049 Madrid

A los hombres y mujeres de mi tierra.

Si tuviera esos paños que bordan en el cielo, entrelazados de hilos de oro y de plata, los extendería ante vosotros. Pero, siendo pobre y de este mundo, sólo puedo ofreceros mis ideas y mis sentimientos. Aquí los tenéis desplegados a vuestros pies. Pero pisad suavemente.

ÍNDICE

NOTA AL LECTOR

En la primavera de 1989, recibí en Nueva York una llamada inesperada de un periodista del diario *El País*. El motivo era invitarme a colaborar en la sección de Opinión del periódico madrileño escribiendo sobre mis experiencias en la ciudad neoyorquina. Llevaba entonces más de veinte años viviendo en esta gran urbe y, por razones de trabajo y de bolsillo, mis contactos con España habían sido esporádicos y breves. Como probablemente le hubiera sucedido a cualquier emigrante, la oportunidad de restablecer la comunicación con mis compañeros de vida en la tierra madre y poder compartir con ellos mis pensamientos me resultó demasiado atractiva como para dejarla pasar. Así que decidí aceptar la propuesta y el reto que esta implicaba, pues confieso que después de tantos años residiendo entre la gente de este pueblo angloparlante mi castellano estaba poco trabajado y, por tanto, bastante «oxidado».

Esta obra es la recopilación de los ensayos que he escrito desde entonces en castellano, concretamente desde 1989 hasta 1996. La mayor parte de los textos incluidos aparecieron originalmente en *El País*. Varios artículos han sido publicados más recientemente en el semanario español *Tiempo*. Las revistas *Elle*, *JANO*, *Woman*, *GQ* y *Conocer* también han imprimido versiones de varios de estos escritos.

El lector de este libro quizá esté ya familiarizado o conozca algunas de las ideas que expreso en esta colección de artículos. Precisamente, me sirvieron en su día de estímulo para desarrollar los temas más amplios de mis libros *La ciudad y sus desafíos*

(Espasa Calpe, 1992), *La pareja rota* (Espasa Calpe, 1994), y *Las semillas de la violencia* (Espasa Calpe, 1995). Aunque he tratado de eliminar las repeticiones, no siempre me ha sido posible.

Con el fin de facilitar su lectura, he agrupado estos ensayos cronológicamente en siete categorías generales: Disculpas y explicaciones, Dilemas de la mujer, Secretos y tabúes, La familia de hoy, Males de nuestros días, De Washington a Hollywood y, por último, Controversias y desafíos.

Mi gratitud va dirigida a mis colegas del diario *El País* y de las revistas españolas que tan generosamente me han honrado con su confianza. Gracias a sus páginas, que gentilmente pusieron a mi disposición, he vivido la inolvidable experiencia de poder reflexionar en voz alta, desde tan lejos, sobre el fascinante mundo en que vivimos.

Quiero expresar también mi agradecimiento a la editorial Espasa Calpe por el aliento y el apoyo que siempre me ha dado.

Durante los años de preparación de estos ensayos he recibido ánimo y sugerencias de muchos colegas y amigos, pero me gustaría dejar bien claro que la ayuda tan generosa como inagotable de Paula Eagle, Mercedes Hervás y Gustavo Valverde ha sido, francamente, indispensable.

Charles Darwin, Sigmund Freud, Karen Horney, Erich Fromm, Erik Erikson, Lewis Mumford, Helen Fisher y Anna Quindlen son, sin duda, los autores de nuestro tiempo que más han influido en mi pensamiento. Su visión humanista, racional y positiva de la humanidad y su método claro y científico me han servido, y aún me sirven, de inspiración.

El trabajo que desempeño en el campo de la salud pública y el apasionante medio urbano neoyorquino moldean constantemente mi forma de pensar. Nueva York es una extraordinaria ciudad en la que convivimos apretados ocho millones de hombres, mujeres y niños de múltiples razas, culturas y lenguas. Esta gran metrópolis, descrita poéticamente como el amanecer de una comunidad universal, concentra y exagera los desafíos personales y sociales más abrumadores que se plantean el hombre y la mujer de hoy. Tolerante, generosa, autocrítica, polifacética, controvertida y dispuesta a todos los excesos, Nueva York es sobre todo el paradigma de los contrastes. Por un lado, es el epicentro del materialismo, del estrés, de la violencia y de la miseria humana más devastadora. Pero, por otro, es el paraíso de la creatividad, de las libertades personales, de las esperanzas sin límite, de las aspiraciones y de las oportunidades. Por todas estas razones, pienso que esta urbe ofrece un punto inigualable de referencia, un laboratorio ideal, un escenario gigantesco que nos permite observar con claridad la naturaleza y el comportamiento humanos de finales de siglo y de milenio.

En el fondo, las observaciones, las ideas y las opiniones que presento a continuación se configuraron de reliquias de imborrables experiencias, dichosas y amargas, propias y ajenas, de las ondas vitales que emanan de los hombres y mujeres que me rodean, de las enseñanzas de tantos ángeles anónimos con los que me cruzo a diario, de conglomerados de culturas pasadas y presentes, de trozos de libros, de periódicos, de vídeos, de películas y de *compact disks*. Sospecho que estas reflexiones no son más que fragmentos de humanidad. Después de todo, ¿no es así como se forma el alma humana?

PRÓLOGO

Cuando Salomón se convirtió en rey de Israel, no le pidió a Dios ni honores ni riquezas. Le imploró que le concediera sentido común, clarividencia y un corazón comprensivo con el que juzgar al prójimo.

EMMET FOX, *Diagramas para vivir*, 1968.

A las puertas del nuevo milenio nos enfrentamos con una cadena interminable de retos y dilemas que reflejan el imparable progreso de la humanidad. Es cierto que la existencia se torna cada día más compleja. Pero también es verdad que los hombres y las mujeres vivimos cada vez más, y más democráticamente. Pocos dudan de que nunca hemos dispuesto de mayor variedad de opciones y vías para alcanzar el bienestar y la felicidad.

Pienso que para superar los obstáculos espinosos que constantemente se cruzan en nuestro camino, nos ayuda el conocimiento, el talante flexible, el candor, la imparcialidad y, sobre todo, la empatía: la capacidad de ponernos en el lugar de la otra persona, de vivenciar genuinamente la realidad ajena. Como señala Erich Fromm en *El arte de amar* (1956), «La capacidad de pensar objetivamente es la razón, la emoción detrás de la razón es la humildad. Ser objetivo y racional sólo es posible si uno ha escapado de los sueños de omnipotencia de la infancia».

Precisamente el narcisismo y sus derivados —el egocentrismo, la prepotencia y el absolutismo— son los enemigos mortales de la racionalidad y la empatía. El narcisista está ensimismado, extasiado consigo mismo, no se puede relacionar, ni mucho menos identificar con otra persona. Es incapaz de interrumpir por un momento su desconfianza e incredulidad, lo que le permitiría entrar con afecto, imaginación y ecuanimidad en la vida de los demás, comprender sus circunstancias y aceptar su existencia independiente.

El arte de vivir se basa en aceptar sencillamente que somos una minúscula parte del cosmos, que dependemos de los demás y nos necesitamos los unos a los otros, que estamos sujetos a un proceso irremediable de evolución y que existen fuerzas desconocidas o inconscientes que influyen poderosamente en nuestros deseos y comportamientos. Igualmente importante es reconocer que la percepción del complejo mundo que nos rodea es claramente subjetiva y está cargada de relatividad, pues depende de dónde estemos situados en ese momento, de nuestro punto de mira.

Una vez que abandonamos el abordaje simplista del bueno y el malo, aceptamos sobriamente la inevitabilidad del conflicto, y adoptamos una posición de comprensión y tolerancia hacia las circunstancias ajenas, dejamos de ver a los demás como objetos cuya única función es satisfacer nuestros deseos y comenzamos a interesarnos por ellos, a entender su mundo.

El debate de los temas más controvertidos de nuestro tiempo a menudo desata agrias disputas, enciende las pasiones y nos lleva a poner en tela de juicio el futuro de la humanidad. Pero, en el fondo, la mayoría de las cuestiones que nos planteamos no son barreras sino desafíos. Reflejan simplemente el progreso de la civilización y la lucha heroica del hombre y la mujer por su realización y su supervivencia.

Como sugiero en el ensayo *La nostalgia del pasado*, la creencia de que los seres humanos formamos un grupo inestable y violento, nos ha marcado desde los principios de la humanidad. Aferrándonos a un oscuro y viejo dogma, reivindicamos con orgullo el honor de vivir en los momentos más desdichados de la historia. Sin embargo, esta visión tan negativa de nuestro tiempo es absurda y engañosa. En gran medida, tendemos a ignorar la racionalidad y bondad humanas porque tanto la historia como los medios de comunicación resaltan los sucesos más disparatados y crueles, mientras dan por hecho y pasan por alto la benevolencia y sociabilidad que impregnan la vida diaria. ¡Las buenas noticias no son noticia!

La imagen melancólica de la sociedad de ayer más compasiva y más justa surge casi siempre en las discusiones sobre los cambios que hemos experimentado los seres humanos. Sin embargo, desde un punto de vista global, las graves dolencias sociales están en la actualidad mucho menos extendidas que nunca. Comprender esta tensión entre sueños viejos y realidades nuevas es fundamental a la hora de entender y afrontar racionalmente nuestros males, inquietudes, ilusiones y esperanzas en los umbrales del nuevo siglo.

I
DISCULPAS Y EXPLICACIONES

—¿Podría usted indicarme la dirección que debo seguir desde aquí?

—Eso depende —le contestó el Gato— de adónde quieras llegar.

—No me importa adónde... —comenzó a replicar Alicia.

—En ese caso, tampoco importa la dirección que tomes —le interrumpió el Gato.

—...Con tal de llegar a algún lado —añadió Alicia.

—Eso es fácil de conseguir —exclamó el Gato—. ¡No tienes más que seguir andando!

LEWIS CARROLL, *Alicia en el país de las maravillas,* 1865

NOSTALGIA DEL PASADO

La creencia de que somos un grupo alienado y malévolo que vive en un mundo desequilibrado, tambaleándose precariamente al borde del abismo, ha marcado a los hombres y mujeres durante siglos. Parece que, casi instintivamente, reivindicamos el honor de existir en los momentos más desafortunados de la historia. Por otro lado, cuando vivimos de cerca los cambios sociales, nos invade el viejo miedo que siempre evocan las innovaciones.

Esta visión desesperada y melancólica de nuestro tiempo es un *agujero negro* engañoso en el que yacen atrapados y embrollados los males, desafíos y conflictos que hoy afectan al ser humano. Cuestiones controvertidas como el divorcio, el aborto o los nuevos modelos de familia —consecuencias de la mayor libertad y del progreso— se mezclan con problemas sociales como las drogas o el crimen. Volcar todos estos temas en el mismo cajón de sastre ofusca el pensamiento claro y la posibilidad de comprensión racional de estos fenómenos.

La imagen de la sociedad de ayer, pacífica, piadosa y de sólidos principios, sirve casi siempre de telón de fondo en las discusiones sobre los cambios experimentados por la humanidad. Esta idea tan nefasta del presente y tan gloriosa del pasado no concuerda, sin embargo, con los hechos. Los devotos de la añoranza no parecen ser conscientes de lo cerca que se vivía del límite de la supervivencia hasta hace poco. La historia es el mejor antídoto de la nostalgia.

Nadie que se tome la molestia de comparar los índices de bienestar de hoy y de ayer podrá evadir la indisputable realidad de que dolencias colectivas emblemáticas como la pobreza, la violencia, las epidemias o los abusos de poder, hoy son menos graves que nunca, aunque les prestemos una atención inusitada.

No hace mucho tiempo, de cada cien recién nacidos diez morían antes de cumplir su primer año, y entre los que sobrevivían, una criatura de cada cuatro era abandonada por sus padres. Sólo en las últimas décadas, la mujer ha dejado de ser la propiedad deshumanizada del hombre. Y únicamente en estos años se ha empezado a calmar el impulso desenfrenado de invertir billones en construir armas atómicas de destrucción masiva y ha germinado la preocupación por el despilfarro de las riquezas naturales, la herencia del futuro.

Muchos de los problemas inquietantes que nos afligen brotan de los frutos del desarrollo. Es obvio que la crisis de la tercera edad no existía cuando era casi un milagro llegar a los cincuenta años, ni se apreciaba el tumulto de la adolescencia cuando los niños carecían de derechos y trabajaban desde los ocho años. Tampoco la liberación de la mujer era motivo de aprensión entre los hombres cuando la misión exclusiva de las féminas era procrear en silencio, ni la realización del individuo planteaba un desafío cuando la educación era el privilegio de unos pocos.

Nunca se ha vivido tanto ni tan democráticamente como ahora. Nunca tantos hombres y mujeres han experimentado mejoras de tal magnitud en su nivel de información, en el acceso a oportunidades y en la calidad general de sus vidas. En ningún otro momento han sido los niños atendidos, respetados y protegidos tan rigurosamente en sus exigencias y derechos. La eterna nostalgia de un antaño idealizado hace que se olviden fácilmente estos avances.

La evolución psicológica y social del ser humano es un proceso imparable y tenaz que barre sin descanso las costumbres que encuentra en su camino. Las turbulencias de estos años han dejado su marca en todos nosotros y han desplazado formas de pensar y comportamientos profundamente arraigados en los hombres y en las mujeres. Aunque ambos sexos están en continua transición, pienso que hoy es la subcultura femenina la que hace de catalizador. Las mujeres, por su orientación natural, están especialmente preparadas para actuar de agentes de cambio.

La misión proverbial de la mujer de concebir y sustentar la vida la ha dotado de un impulso protector hacia los seres vivientes, de una firme antipatía hacia la crueldad y de una aptitud especial para la empatía. Por naturaleza, la mujer resiste las jerarquías y antepone el bienestar tangible de la persona a las ideas abstractas. Estas son precisamente las cualidades humanizantes que tanto los hombres como las mujeres buscan en este momento.

Los medios de comunicación y la ciencia de la información —teléfono celular, fax, correo electrónico, módem— son ya ingredientes indispensables de nuestro entorno, tan naturales como la fuerza de la gravedad. Pero el ambiente impersonal de la «alta tecnología» genera la necesidad de intimidad y de «alto contacto humano».

Por abrumadoras que nos parezcan las dificultades de nuestro tiempo, no tiene sentido que ignoremos la historia y nos dejemos seducir por la nostalgia. No existe una edad de oro que añorar ni un camino conocido que nos garantice la felicidad. La humanidad siempre ha entrelazado su andadura con las riquezas y los apuros psicológicos, sociales, económicos y culturales de la época. Debemos desechar los mitos que nos ciegan y disfrutar de un mundo actual, tangible, vitalista, cambiante y, en definitiva, mejor.

En el futuro que se desdobla ante nosotros, se vislumbran más hombres y mujeres que persiguen una mejor calidad de vida, su realización y su felicidad, mientras construyen vidas juntos, como seres libres, iguales y seguros de sí mismos.

(Diciembre de 1994.)

¿No existe la muerte?

Hace un cuarto de siglo, la psiquiatra estadounidense Elisabeth Kubler-Ross publicó *Sobre la muerte y los moribundos,* un libro entrañable y magistral sobre el sufrimiento, la lucha interna, el terror y la soledad que afligen a los enfermos terminales. En esta obra, que todavía no ha dejado de reimprimirse, la admirada doctora de origen suizo humanizó el implacable final de la vida exaltando la caducidad de nuestra existencia. «Si aceptáramos la realidad de nuestra mortalidad, lograríamos alcanzar la paz, nuestra paz interior y la paz entre las naciones», escribió.

Hace unas semanas, en una sorprendente y radical transformación, esta conocida experta en los pormenores del fin ha propuesto públicamente y con aplomo que «la muerte no existe». Aún más, considera que la conclusión de la vida en este mundo «es la cosa más bella que nos puede pasar». Su tesis original del destino humano es que los muertos vienen a recibir al moribundo para conducirle a un lugar rebosante de alegría y de felicidad.

Algunos eruditos se quejan de que Kubler-Ross está tratando de destruir su obra maestra negando el final irrevocable que nos espera a todos. Yo pienso que, como tantos otros héroes motivados por el anhelo de encontrarle algún significado a la vida, esta mujer eminente ha cruzado los límites de la enigmática existencia humana y ha apostado por la irresistible inmortalidad. Ya Sigmund Freud, en 1915, en uno de sus ensayos comentaba que «en el fondo, nadie cree en su propia muerte. En el inconsciente todos estamos convencidos de nuestra inmortalidad».

26

Recientemente ha brotado un interés popular sin precedentes en las noticias sobre experiencias luminosas de personas que han estado cerca, o incluso se han asomado al otro lado de la muerte. Como en el mito evangélico de Lázaro, quien después de cuatro días en la tumba resucitó al grito de «¡levántate y anda!» que le dio Jesucristo, muchas obras actuales de gran éxito relatan las vicisitudes de hombres y mujeres ordinarios que, tras entrar en el mundo de los muertos retornan al mundo de los vivos. De hecho, de los diez libros de bolsillo más vendidos en Estados Unidos estos días, cuatro tratan sobre la muerte, el más allá o la inmortalidad.

A pesar de esta ola de curiosidad esperanzadora en el destino humano, el terror a la muerte sigue siendo universal. Sólo nos salvamos durante los primeros ocho o nueve años de la vida, cuando todavía no reconocemos lo que significa desaparecer para siempre; un concepto por lo general demasiado abstracto, incongruente y lejano de nuestras experiencias infantiles rebosantes de vitalidad, de ilusión y de fantasía. Pero con la excepción de estos pocos años de inocencia, el miedo al final nos sigue tan de cerca como nuestra sombra. Aunque no sea siempre evidente.

Una cierta conciencia de vulnerabilidad tiene sus ventajas: nutre muchas de nuestras motivaciones del día a día, modera nuestra prepotencia, estimula nuestra creatividad y mantiene despierto nuestro instinto de conservación. Según conceptos evolucionistas, en los orígenes de la humanidad los hombres y mujeres con más temor de la muerte eran los más realistas acerca de su situación en la Tierra. Estos transmitieron a sus descendientes un mayor grado de aprensión autoprotectora, mejorando así la calidad de vida y las probabilidades de supervivencia. No obstante, muy pocas personas pueden concebir la no existencia sin angustiarse. La mayoría tenemos que reprimir el miedo a la muerte para poder vivir con entusiasmo.

El temor al acabamiento rara vez es consciente o enseña su verdadera cara. Unas veces lo mostramos con sentimientos de inseguridad, de desaliento y de tristeza. Otras, lo camuflamos buscando compulsivamente la fuente de la eterna juventud o negando el normal envejecimiento, teniendo hijos, acumulando propiedades a nuestro nombre, persiguiendo aventuras amorosas o escribiendo libros. A veces compensamos nuestro miedo a la muerte desafiándola, maltratando nuestro cuerpo o arriesgando la vida en hazañas peligrosas. A lo largo de mi experiencia profesional he podido comprobar que hasta el acto suicida de los deprimidos desesperados más agnósticos o escépticos deja entrever a menudo su confianza en la continuidad de la existencia.

Se ha dicho que la muerte es la musa de la filosofía. Poetas, ensayistas y hombres y mujeres sabios escriben a menudo sobre la idea del final, aunque raras veces hayan visto morir a alguien. La mayoría de la gente ve la muerte una o dos veces en su vida. Por lo general se trata de situaciones en las que se sienten demasiado abrumados emocionalmente como para poder contemplarla con claridad. Por otra parte, cada día más personas fallecen en el hospital y los detalles de la defunción se suelen ocultar a los familiares y amigos, en la creencia piadosa de que hablar de ellos intensifica el dolor.

En momentos fugaces de introspección, muchos anhelamos una muerte rápida o durante el sueño «para no sufrir», un lapso perfecto a la inconsciencia libre de agonía. A veces reflexionamos sobre las imágenes de nuestros momentos terminales, en ellas representamos un cierto donaire y un sentido profundo de final, un trance de mente clara en el que hacemos una ecuánime recapitulación de la vida. La «muerte con dignidad» es la expresión emblemática actual del deseo universal por alcanzar un compromiso airoso con la dura y repulsiva irrevocabilidad de los últimos chisporroteos de la vida.

En el fondo, casi olvidamos que la muerte es un evento normal en la cadena de ritmo de la naturaleza. Es el cese del funcionamiento del cuerpo que se produce cuando la agotadora batalla contra la enfermedad se pierde. Pero el enemigo del desahuciado no es la muerte, ni siquiera la enfermedad. Como ilustró lúcidamente

Leon Tolstoi en su novela *La muerte de Ivan Ilich,* el adversario más aterrador del moribundo es la soledad que produce el engaño, el disimulo o el silencio de los seres queridos y allegados que no pueden admitir abiertamente lo que todos saben que está ocurriendo.

Y es que nuestra conciencia de mortalidad es una de las pocas cosas con el poder de enmudecernos. Es un susurro hacia fuera y un clamor interno. Más que el sexo, más que la fe, incluso más que la propia muerte —su ujier—, el sentimiento de extinción es silencioso. Es ignorado públicamente, excepto en los breves instantes de un funeral, o en las conversaciones entre los que reconocemos ese vacío especial que parece estar enterrado en el centro de quienes somos. Yo pienso que no hablamos de nuestra caducidad porque cuando nos detenemos a examinarla, poco a poco se convierte en algo más indefinido, más incomprensible, pero también más grande, más permanente y, en definitiva, más insuperable. De ahí que la opción de la inmortalidad, la idea de que la muerte no existe, sea tan irresistible.

(Marzo de 1995.)

Terrorismo y ángeles anónimos

Como los terremotos de California, las inundaciones primaverales del río Misisipí o los huracanes estivales de Florida, que tanto tememos pero que la costumbre nos ha obligado a anticipar con angustiante familiaridad, los atentados terroristas forman ya parte del catálogo de espantos presagiables en Norteamérica. La devastadora bomba asesina que estalló hace unos días en el edificio federal de Oklahoma, repleto de hombres, mujeres y niños, ha vuelto a marcar la faz de esta vulnerable nación con la cicatriz del odio fanático.

Ante el escenario de horror causado por esta orgía de sangre incomprensible y las imágenes de cuerpos de criaturas mutiladas por el fuego, el cemento y los hierros retorcidos, es difícil refutar el axioma desconsolador de Plauto *homo homini lupus,* «el hombre es un lobo para el hombre». A pesar de ello voy a intentarlo.

Como suele suceder en casi todos los dramas humanos, en este caso también las pasiones más malévolas se mezclaron con los impulsos más heroicos. Junto con los detalles dolorosos y espeluznantes de esta enorme tragedia, cada día salen a la luz nuevos gestos altruistas a manos de hombres y mujeres ordinarios. Unos donaron su sangre, abrieron sus casas y ofrecieron consuelo sin descanso. Otros se arriesgaron hasta el límite, algunos incluso perdieron su vida por salvar la de un semejante. Hoy el balance de este acto terrorista en Oklahoma se resume en un puñado de malvados y un ejército de *ángeles anónimos.*

La razón de este resultado es que la bondad, la compasión y la empatía brotan en el ser humano con un mínimo de estímulo. La revulsión contra el sufrimiento ajeno es uno de los distintivos de la humanidad. A través de la historia y en todas partes del mundo, se encuentran millones de personas que considerarían emocionalmente imposible hacer daño a propósito a un ser humano y, mucho menos, quitarle la vida.

La prueba fehaciente de que la gran mayoría de los hombres y las mujeres somos benevolentes es que perduramos. Como tantos antropólogos y sociólogos han argumentado, ninguna sociedad puede existir sin que sus miembros convivan continuamente sacrificándose los unos por los otros.

No obstante, a menudo nos sorprendemos ante actos generosos, especialmente si el benefactor es un extraño. Los rasgos altruistas nos hacen sentir una mezcla de admiración y desasosiego. Nos chocan porque intuimos que van en contra del principio natural del egoísmo y, al explicarlos, no podemos evitar buscar en ellos motivos secretos, razones oscuras o neurosis extrañas.

Pienso que las conductas altruistas no son ni paradojas ni misterios, sino acciones consistentes con las fuerzas de la adaptación, la supervivencia y la evolución natural de la especie humana. Desde el punto de vista darviniano hoy sabemos que avanzamos el proyecto evolutivo, incluyendo las probabilidades de que nuestros genes estén representados en el futuro, sacrificándonos no sólo por nuestros descendientes biológicos sino también por personas fuera de nuestro clan familiar, y formando parte de grupos sociales basados en la cooperación y la reciprocidad.

Los estudios sobre la compasión demuestran que los niños de dos años ya se turban o reaccionan con tristeza ante el sufrimiento de seres cercanos a ellos e incluso hacen intentos primitivos para aliviarles. El genial psicólogo Jean Piaget, que investigó el desarrollo infantil analizando minuciosamente las complejas relaciones entre la mente del pequeño y su entorno, observó que aproximadamente a los seis años de edad, los pequeños ya pueden concebir las cosas desde el punto de vista de otra persona y son conscientes de las circunstancias ajenas.

La perplejidad que nos produce el altruismo brota de la noción dura y negativa del ser humano que ha dominado la cultura de Occidente, por lo menos desde la época de los griegos. Aunque la evidencia histórica y el día a día demuestran que somos por naturaleza generosos, muchos pensadores inclinados al pesimismo se han hecho eco de la creencia funesta de que el hombre «no tiene corazón», es una bestia egoísta y es más cruel hacia su propia especie que ningún otro animal. Hoy esta visión misántropa tiene muchos seguidores. De hecho, es la prevalente y se considera hasta más inteligente y realista. La idea positiva de la naturaleza humana, por el contrario, es tenida por ignorante o simplista, una actitud ingenua hacia la existencia que inmortalizó Voltaire en la figura del patético doctor Pangloss en la historia de *Cándido*.

Ese concepto «realista» de la humanidad no sólo ignora los requisitos de la supervivencia, sino que se cimienta en una información claramente prejuicista. Tendemos a juzgar la cantidad total de benevolencia humana como insignificante en comparación con el monto de maldad, porque tanto los anales de la historia como los medios de comunicación siempre toman nota de los sucesos viles o desdeñables y rara vez consideran la bondad digna de mención. Además, la mayoría damos por hecho, como la fuerza de gravedad, que las personas a nuestro alrededor sean decentes y piadosas. Sin embargo, nos fascinamos ante las atrocidades, precisamente porque no forman parte de lo que esperamos de nuestros compañeros de vida.

Sospecho que la vida continuará siendo difícil, la violencia implacable y la intolerancia abundante. Con todo, el balance global de estos dramas humanos seguirá siendo positivo. Porque la fuerza vital que hoy nos impulsa, en el fondo, es la misma que Ana Frank, la niña judía de quince años, plasmó en su raído diario de tapas a cuadros unas semanas antes de morir en el campo de concentración de Bergen-Belsen: «A pesar de todo, creo que la gente es realmente buena en su corazón.»

Aunque sólo sea a título personal, durante más de veinte años he trabajado en el campo de la salud pública de la ciudad neoyorquina, en uno de esos cargos que, con el tiempo —según asegura la gente convencida—, llena a todos de indiferencia y de cinismo. Sin embargo, de alguna manera, el trato con los grandes males de la mente y de la cultura de este pueblo me ha hecho más idealista. La lección más importante que he aprendido en este tiempo es que nuestra ineludible y normal tarea diaria consiste en convivir unos y otros. La humanidad, a pesar de los horrores del terrorismo, es esencialmente bondadosa. Millones de *ángeles anónimos* lo demuestran cada día esquivando los vientos dominantes del odio, el egoísmo y la venganza.

(Abril de 1995.)

¿Autoengaño? Sí, gracias

No hace muchos días, durante una charla académica, un colega me preguntó cuál era en mi opinión la cualidad más humana de todas las cualidades del hombre. Sin dudarlo mucho le respondí que el autoengaño. Trataré de explicarme.

El autoengaño es una peculiar estrategia de supervivencia de nuestra especie, verdaderamente única y de inigualable utilidad en tantos momentos de prueba y vulnerabilidad que nos depara la vida. Gracias al autoengaño superamos una realidad devastadora con una ilusión reconfortante, neutralizamos una verdad implacable con una falacia benevolente, justificamos una conducta intolerable con una excusa persuasiva.

La habilidad para camuflar la realidad abunda entre los seres vivientes. Muchos animales utilizan tretas engañosas con el fin de confundir la percepción de sus compañeros de fauna y mejorar así sus posibilidades de conservación. Por ejemplo, las luciérnagas del género *foturis* imitan el brillo de las hembras en celo del género *fotinus* y después de atraer al macho *fotinus,* se lo comen. Algunas serpientes inofensivas exhiben la pigmentación de culebras venenosas y reciben un respeto inmerecido. Los zorros en peligro simulan estar muertos para despistar al agresor, y los chimpancés cojean visiblemente ante la presencia de un macho dominante para salvar el pellejo. Sin embargo, existe una diferencia fundamental entre estos actores del reino animal y nosotros. Mientras ellos probablemente no dudan de su verdadera identidad, los humanos somos engatusados por nuestras propias argucias y aspiraciones o, como nos apunta el aforismo de Friedrich Nietzsche, «interpretamos el mundo a través de nuestros deseos».

Un cúmulo de investigaciones recientes demuestra que, con el tiempo y la repetición, tendemos a dar por ciertas nuestras distorsiones de los hechos y acabamos incrustándolas en la memoria como si fueran verídicas. No pocos hombres y mujeres están sinceramente convencidos de que los argumentos que escenifican a diario, lejos de representar simples papeles, reflejan la objetiva realidad.

Con todo, desde Sócrates hasta Jean-Paul Sartre un gran número de pensadores han declarado que el autoengaño es imposible, es una paradoja tan discordante como la cuadratura del círculo. Lo consideran un absurdo porque para automentirnos tendríamos que creer y no creer simultáneamente en algo, un logro mental que, asumen, es impracticable. Yo pienso que el autoengaño es factible porque no es una maniobra consciente, no es intencional ni premeditado, sino que se elabora dentro de ese sector de la mente de bordes difusos y porosos que constituye nuestro inconsciente.

El psicoanálisis se podría definir como la gran teoría del autoengaño. Sigmund Freud describió nueve métodos de evadir la realidad, a los que llamó mecanismos de defensa. Su hija y discípula, Ana Freud, añadió varios más. Entre estas tácticas protectoras inconscientes resaltan la negación, la proyección, la distorsión, la externalización, la racionalización, la sublimación, la religión e incluso el humor. La más clásica de todas es la represión. Este pilar de la doctrina psicoanalítica consiste en excluir de la conciencia y enterrar en el olvido anhelos, recuerdos, ideas, impulsos y sentimientos que consideramos inaceptables. Con la ayuda de estos trucos mentales, las personas sacrificamos la percepción correcta de la realidad a cambio de mantener la paz de espíritu. No obstante, el resultado no es siempre beneficioso, pues en ocasiones un apetito reprimido puede producir síntomas de angustia o depresión, mientras que la negación de un peligro real puede ser la causa de que no nos protejamos.

Muchas veces nos autoengañamos con el fin de embaucar a los demás, y viceversa. Esto es, embaucamos a los demás para engañarnos a nosotros mismos. El cuento del escritor danés Hans Christian Andersen, *El traje nuevo del emperador,* ridiculiza con ingenio esta situación. En el relato, unos avispados estafadores, haciéndose pasar por sastres, fingen «confeccionar» para un vanidoso soberano un vestido cuya belleza deslumbrante sólo podía ser vista por las personas de superior inteligencia. Impulsado por su prepotencia, el soberbio monarca paga con oro y perlas el atuendo imaginario, decide «lucirlo» con orgullo y se pasea impertérrito en paños menores por las calles de su reino. Para no pasar por tontos, los súbditos alaban su invisible atuendo.

Y es que en todas las culturas la necesidad de sentirnos importantes y la sed insaciable de admiración ajena aparecen pronto en la vida. La otra cara de esta moneda es la profunda aversión que desde muy pequeños sentimos hacia nuestras limitaciones, al menosprecio y al ridículo. Quizá esto explique la tendencia tan extendida a atribuir nuestros éxitos a la propia competencia y nuestros fracasos a la mala suerte, al destino o a los elementos. O a pensar que nuestros contrincantes triunfan por fortuna y pierden por su ineptitud. Esta demostrada propensión humana a optar automáticamente por explicaciones ventajosas, por ilusorias que sean, cimienta el principio formulado en los años cincuenta por el genial psicólogo estadounidense Leon Festinger sobre la *disonancia cognitiva:* las personas amañamos la realidad a nuestro alrededor con el fin de evitar sentimientos incongruentes, inadmisibles, desagradables o disonantes.

El autoengaño tiene como misión fundamental preservar nuestra integridad emocional y coherencia social. Se nutre de la fantasía y de la compasión hacia uno mismo, nos ayuda a conservar la autoestima, facilita la convivencia, estimula la creatividad y favorece la adaptación y la supervivencia. También nos sirve de salvavidas a la hora de mantener el sentido de invulnerabilidad ante condiciones internas o externas adversas que nos amenazan o nos traumatizan:

la ansiedad ante la muerte, el miedo al fracaso, la desilusión con uno mismo, la subyugación por un agresor o la humillación pública. No hay duda de que ciertas verdades despiadadas o situaciones extremas atentan contra nuestra seguridad psicológica, nuestra imagen pública, nuestra esperanza y nuestro entusiasmo vital. El autoengaño nos permite evadirlas, disfrazarlas, reprimirlas o negarlas.

La continua e imparable evolución del ser humano favorece la apreciación cada vez más consciente y real de nosotros mismos y del mundo que nos rodea. Cada día vemos más, conocemos más, contemplamos más opciones y sentimos la vida con más intensidad. De hecho, nunca hemos vivido tanto ni tan profundamente como ahora. Nunca tantos hombres y mujeres hemos experimentado avances de tal magnitud en cuanto a información, libertad y calidad de vida. Al mismo tiempo, estos frutos del progreso y la mayor complejidad de nuestra existencia generan penosos conflictos, ansiedades y dilemas. Bajo estas condiciones, un mundo sin autoengaño sería insufrible e inhumano.

(Junio de 1995.)

Nuestros demonios

Durante miles de años las personas hemos asumido que el universo está habitado por espíritus maléficos que envenenan la mente humana y pervierten la convivencia. En nuestra cultura monoteísta se les conoce por demonios o diablos, aunque en muchos mitos y leyendas aparecen con nombre propio: Satanás, Lucifer, Belial, Luzbel, Beelzebub, Mefistófeles y otros.

Según las sagradas escrituras, los demonios eran originalmente príncipes de los ángeles, mensajeros sobrenaturales de gran belleza, elegidos de Dios. Pero un día se insubordinaron y fueron expulsados de los cielos. Los más soberbios cayeron en desgracia por su rebelión; el resto fue arrojado al abismo por su lujuria, al quedar seducidos por la hermosura de las hijas de los hombres y emparejarse con ellas. Después de ser derrotados por los arcángeles del bien, unos y otros se convirtieron en corruptores invisibles de la humanidad. Para lograr sus objetivos malignos, invadían y tomaban posesión del cuerpo de sus víctimas. El Nuevo Testamento está repleto de endemoniados anónimos que dan alaridos, echan espuma por la boca, convulsionan o enmudecen. Entre los posesos más notables de la Biblia destacan la serpiente que tentó fatídicamente a Eva en el paraíso; María Magdalena, la pecadora del Evangelio; y Judas Iscariote, el discípulo traidor de Jesucristo.

La idea ancestral del diablo brota de la necesidad primitiva e infantil —porque es normal en los niños pequeños— de separar tajantemente «los buenos» de «los malos», de compartimentar el bien y el mal puros. Sospecho que la visión apocalíptica original de la lucha cósmica entre los «hijos de la luz» y los «hijos de las tinieblas» con el tiempo se transformó, incluso en las mentes más agnósticas y seculares, en la interpretación radical y simplista de la existencia como una historia moral sin términos medios, en la que las fuerzas de la bondad son absolutamente incompatibles y están constantemente enfrentadas con las fuerzas de la maldad. Esta visión tan extremista y rígida del género humano, reflejada en las palabras evangélicas «el que no está conmigo, está contra mí», ha mantenido vivas durante siglos las imágenes satánicas en nuestro inconsciente colectivo.

A lo largo de la historia, la figura del demonio ha evolucionado y ha sido interpretada de acuerdo con los valores morales y los estereotipos del lugar y de la época. Por ejemplo, en 1667, el poeta londinense John Milton, en su obra *El paraíso perdido*, escogió a Lucifer, un ángel caído muy bello, de talante pendenciero, arrogante y engreído para escenificar al arquetipo de diablo sedicioso del momento. Dos siglos después, J. W. von Goethe creó a Mefistófeles en la tragedia de *Fausto*. Este nuevo satán, de carácter irónico, tramposo y embaucador, se caracterizaba por cambiar de apariencia para engañar, por quebrantar la justicia y promover la destrucción. Unos años más tarde, Fedor Dostoievski, en *Los poseídos*, ilustró la esencia del espíritu del mal de su tiempo a través de la figura de Nikolai Staurogin, un adicto a la maldad más sádica y degenerada, que finalmente se suicida en un gesto crudo de nihilismo sin sentido.

Con el paso del tiempo, Satanás ha perdido poco a poco su individualidad y ha representado cada vez más a grupos de personas consideradas intrínsecamente diabólicas. Hace años fueron los paganos, los herejes, las brujas o los pecadores. Más recientemente, con la ayuda de Hollywood, el papel maligno ha sido encarnado indistintamente por indios y vaqueros, mientras que la CNN se ha encargado de alternarlo entre israelitas y palestinos. El ex presidente republicano estadounidense Ronald Reagan hizo célebre la expresión «el imperio del mal» para referirse a la antigua Unión Soviética y a su sistema comunista.

Hoy, en las sociedades de Occidente, nuestros demonios más populares son los inmigrantes, los negros, los homosexuales, los enfermos mentales, las mujeres, los adolescentes, los liberales, los conservadores, quienes se oponen al aborto y quienes lo defienden. Todos estos diablos son el producto del principio diferenciador de «los otros»: la convicción, casi siempre sobrentendida pero muy generalizada, de que existen conjuntos de individuos con quienes no tenemos nada en común, ni siquiera una parte discernible de humanidad. No sólo son estos colectivos profundamente diferentes de nosotros, sino que, en secreto, son además menos valiosos, menos morales, menos buenos.

La demonización tácita de «los otros» es una de las fuerzas culturales más perniciosas de nuestro momento histórico. Su justificación implícita —«son diferentes», «padecen defectos graves o repulsivos», «no aman, no viven, ni sufren como nosotros»— hace posible todo tipo de fanatismos. De hecho, ofrece una disculpa inmensamente cómoda y aprovechable para deshumanizarlos, marginarlos, odiarlos y cometer actos agresivos contra ellos. Esta práctica, además, divide a la sociedad y fomenta políticas sociales mezquinas. No hay duda de que resulta más fácil aceptar medidas discriminatorias o despiadadas en contra de estos grupos si sentimos que son distintos en algún aspecto básico. Pero si pensamos que estos hombres y mujeres son personas esencialmente como nosotros y sus niños son como los nuestros, tales políticas se caen a pedazos y nos repugnan por su inhumanidad y su frigidez moral.

Creo que el mecanismo de defensa psicológico de proyección nos ayuda a entender el funcionamiento de la demonización. Ciertas personas confunden las emociones de amor y odio de forma que sólo son capaces de experimentar autoestima si al mismo tiempo sienten profundo desprecio hacia otros. Esta artimaña mental, más o menos inconsciente, les permite reprimir su sentimiento de inferioridad, evadir sus defectos, ignorar su intolerancia y mitigar el miedo secreto a sus propios deseos crueles o a sus impulsos violentos, reflejándolos y desplazándolos convenientemente sobre el grupo «satanizado». La táctica de proyección es el método más efectivo para racionalizar los prejuicios, justificar la agresión maligna y legitimizar chivos expiatorios.

Charles Darwin, Friedrich Nietzsche, Sigmund Freud y otros pensadores modernos, por caminos diferentes, han contribuido al consenso de que los demonios son pura ficción, entes ilusorios cuya identidad está atada a los caprichos y avatares de nuestra imaginación. Son metáforas, símbolos que absorben y reflejan nuestras fobias sociales y nuestro propio odio hacia nosotros mismos. Esta conclusión no nos debe de sorprender, pues las personas siempre hemos dado forma y significado al mundo invisible.

Aunque muchos la crean desaparecida, presiento que la figura del diablo seguirá siendo relevante, porque ofrece una utilidad especial: nos autoriza a maldecir a nuestro antojo a ciertos grupos de hombres y mujeres sin esperanza de reconciliación, de exorcismo o de redención. Y es que nada parece más natural que la facilidad con la que los seres humanos reclamamos la superioridad moral de unos sobre otros.

(Julio de 1995.)

LA SUERTE

En el amanecer del 9 de agosto de 1945, un avión B-29, cargado con una bomba atómica, despegó de una base norteamericana en el Pacífico con destino a la ciudad japonesa de Kokura. Una espesa capa de nubes impidió sin embargo a los pilotos localizar su objetivo. Ante esta eventualidad, el comandante, Charles Sweeney, enfiló hacia el blanco alternativo: la ciudad de Nagasaki. El resto es historia. La increíble buena suerte de los habitantes de Kokura se tornó igualmente desastrosa para los de Nagasaki.

La suerte es parte inseparable de la condición humana. Es una compañera que, para bien o para mal, hace el camino con nosotros hasta la tumba. Sólo en los primeros diez u once años de la vida no sabemos lo que es ni contamos con ella, como demostró el genial psicólogo suizo Jean Piaget.

La fortuna es una pícara fuerza que nos impide domesticar racionalmente la existencia. Su protagonismo en el escenario del mundo hace imposible gestionar la vida con éxito y seguridad solamente a través de la planificación o de nuestros mejores esfuerzos y maquinaciones. Porque en cualquier momento las cosas pueden dar un vuelco inesperado. Basta que suframos un accidente, una enfermedad o seamos víctimas de un desastre natural para que se altere drásticamente nuestro programa vital. Esta es la razón por la que en muchas culturas nadie puede ser juzgado como afortunado antes de su muerte. También justifica que la diosa Fortuna, hija primogénita de Júpiter, ciega distribuidora de todos los bienes y los males, representada con una cornucopia y un timón —símbolos de la prosperidad y del destino—, haya sido la deidad más buscada y adorada de todos los tiempos.

La suerte es atractiva por su aparente democracia, pues cae igualmente sobre grandes y pequeños, ricos y pobres, aunque da la impresión que la buena suerte prefiere a los más dichosos, mientras que la mala ronda a los infelices. Todos conocemos personas que «convierten en oro» lo que tocan, o que ante una encrucijada difícil ganan la «lotería de la vida» —algo así como lo que le ocurre a esos viajeros de automóvil que de forma milagrosa consiguen sobrevivir los percances más mortíferos—. Pero también hemos visto demasiadas criaturas que desde su primer día en la Tierra sufren sin descanso los rechazos más despiadados, incluso a manos de sus mismos progenitores.

La ventura y el esfuerzo definen nuestro recorrido por el mundo, mas la proporción de cada uno es inestable, como las arenas movedizas. En tiempos ordinarios priman la habilidad y el tesón. Durante tiempos volátiles cuenta más la ventura. No obstante, el progreso ha socavado el papel de la suerte y la supervivencia diaria ya no depende tanto de ella como antiguamente. De todas formas, su presencia en los asuntos humanos es abundante porque se nutre de la ignorancia y de nuestra incapacidad de prever lo que va a pasar. La ventura comienza a dominar a partir de donde el conocimiento y la razón dejan de servirnos de guía. Incluso la salud tiene mucho que ver con ella. Aunque los genes marcan la predisposición a ciertas enfermedades y el estilo de vida también influye, lo más aterrador de las grandes dolencias de hoy, como el cáncer, el ataque al corazón o la enfermedad de Alzheimer, es que a menudo parecen elegir sus víctimas al azar.

La fortuna es un atributo muy subjetivo. No pocos se sienten afortunados sin realmente serlo, y viceversa. Por otra parte, es un instrumento poderoso de autodisculpa. Nuestra estima y la imagen pública son protegidas siempre que trasladamos la culpa o el fracaso a la mala suerte. La profunda aversión que desde muy pequeños sentimos hacia nuestras limitaciones explica la tendencia a atribuir nuestros éxitos a la propia competencia y nuestros fallos a la mala pata. O a pensar que nuestros contrincantes triunfan por fortuna y pierden por su ineptitud. La inclinación a buscar automáticamente explicaciones ventajosas, por inverosímiles que sean, nos protege de la autocrítica o de sentimientos negativos.

Las personas con más suerte son las que no la necesitan. En general, nos consideramos agraciados si forjamos nuestro destino y dependemos poco de la suerte para conseguir lo que queremos. Suerte es el nombre que muchos dan al destino, pero no creo que sean lo mismo. Buscamos la suerte y leemos el destino. Una vez que echamos los dados, el elemento de casualidad que guía su caída se borra por el destino que muchos leen en el resultado. En su obra *Oráculo manual y arte de prudencia,* Baltasar Gracián representó hace unos trescientos cincuenta años la situación humana como análoga al juego de cartas. Según este filósofo jesuita, la vida y las cartas son juegos de azar. El buen «jugador» es aquel que le saca el mayor provecho a «las cartas» o las oportunidades que la ventura pone a su disposición. En la misma época, el matemático francés Blaise Pascal, fundador de la inferencia estadística, consideraba que venimos al mundo gracias a una cadena infinita de accidentes e intentó domar la suerte a través de una aparente contradicción: la ley de la casualidad. De hecho, la casualidad le abre la puerta a la fortuna, la cual florece en el espacio entre lo que esperamos que va a pasar y lo que realmente sucede, entre la causa y el efecto.

Igual que la trayectoria tortuosa e impredecible que sigue una hoja al caer del árbol, nuestro viaje por la vida se configura de innumerables sucesos fortuitos. Se ha dicho que nuestra impotencia ante el futuro es una píldora amarga que tenemos que tragar. Quizá sea por esto por lo que nos pasamos la vida tratando de adivinar lo que va a suceder, calculando la verosimilitud de nuestras expectativas y aspiraciones en términos de probabilidades, imponderables o contingencias.

Desde el amanecer de la humanidad, hemos destinado grandes esfuerzos a crear teorías, ritos e instituciones que hagan el futuro más manejable, que reduzcan el ámbito de la casualidad y la incertidumbre. El ordenamiento y control de la naturaleza es el núcleo del trabajo científico. Pero al final tenemos que aceptar que la suerte, buena y mala, es ley de vida. Es un aspecto de nuestra finitud, un reflejo de nuestra vulnerabilidad y un ingrediente esencial de la «salsa de la vida».

La moneda de la fortuna tiene dos caras opuestas, pero según demuestran la evolución, los avances y la supervivencia de la especie humana, es una moneda desequilibrada: la cara buena supera a la mala. Las sorpresas dichosas son más frecuentes que las desilusiones. Me parece un error pensar que vivimos en este mundo de tiempo prestado, que peligros de todo tipo, desde microbios mortales a meteoritos perdidos nos acechan constantemente. Es cierto que no tenemos que leer el *Libro de Job* para aceptar que una racha de mala suerte puede amargar la disposición más dulce y optimista. Pero también es verdad que los hombres y las mujeres estamos inmersos en un proceso imparable de desarrollo y, hoy por hoy, como le ocurrió a los habitantes de Kokura, las leyes del Universo han decidido a nuestro favor. Algo que merece ser visto por todos nosotros como una enorme dosis de buena suerte.

(Marzo de 1996.)

II
DILEMAS DE LA MUJER

Mi consejo a las mujeres de hoy es que armen más escándalo y planten menos dalias.

WILLIAM ALLEN WHITE, *Gazette*, 1922

EL DILEMA DEL ABORTO

A pesar de que el aborto es legal en Estados Unidos desde hace dieciocho años, y de que este país tiene uno de los índices más altos del mundo —dos millones al año—, ningún tema provoca tantos enfrentamientos, tanta pasión y amarga controversia como la interrupción de un embarazo indeseado.

Dos sucesos recientes han detonado, una vez más, la bomba social del aborto. Uno ha sido el respaldo oficial que el alcalde de Nueva York, David Dinkins, ha dado a la RU-486, la píldora francesa para abortar. Dinkins argumenta que las mujeres que optan por terminar un embarazo deben tener acceso al método más privado, seguro y eficaz. El otro evento ha sido la polémica sobre el uso de tejidos fetales para el tratamiento experimental de ciertas dolencias incurables, como la diabetes infantil y la enfermedad de Parkinson. Mientras unos están a favor, otros se oponen y alegan que esta práctica inclina a abortar a mujeres indecisas, al hacerles pensar que con el aborto ayudarán a estos enfermos. La intensa discordia que han causado estos acontecimientos ilustra cómo la sociedad moderna todavía no ha resuelto el viejo y agónico dilema del embarazo indeseado.

Después de prohibir el aborto durante más de un siglo, excepto para salvar la vida de la madre, en 1973 el Tribunal Supremo de Estados Unidos abolió la ley contra el aborto. En aquella decisión histórica, los jueces crearon jurisprudencia al dictaminar que en el primer semestre de gestación —período durante el cual el feto no es viable— una mujer tiene el derecho constitucional a decidir sobre su cuerpo y a terminar el embarazo sin interferencia alguna del Estado.

La decisión de los jueces estuvo motivada por varios factores: el miedo a la sobrepoblación y a sus consecuencias, la creciente estima por la calidad de vida, y, sobre todo, la necesidad de reconocer los derechos inalienables de la mujer sobre las funciones de su propio cuerpo. Igualmente determinantes fueron la disponibilidad de abortos médicos seguros y la convicción de los jueces y de la sociedad de que las mujeres continuarían obteniendo abortos con o sin leyes restrictivas.

Si una mujer actualizara su potencial biológico daría a luz a unos veinticinco hijos en el curso de su vida fértil. Sin embargo, la gran mayoría de las mujeres quieren tener sólo uno o dos. La sociedad nunca ha valorado tan poco la maternidad. De hecho, la mayor parte de las mujeres consideran el tener muchos niños una desventaja, una carga emocional y económica y, en definitiva, un obstáculo en el camino hacia su realización. Aun así, casi todas sienten un enorme conflicto ante un embarazo que no quieren.

A lo largo de la historia, mujeres de diferentes nacionalidades han considerado el aborto como una alternativa ante el intolerable dilema del embarazo indeseado. Cuando la solución parecía imposible, algunas, sintiéndose indefensas y abrumadas, perdían la esperanza y la cabeza y se suicidaban. Otras, en la desesperación, se autoproducían el aborto, ingerían venenos, sufrían daños irreparables o morían a manos de abortistas incompetentes.

Hoy día, las mujeres que no quieren el embarazo pueden optar por un aborto médico seguro. Sin embargo, muy pocas se escapan de la dura realidad de que la decisión no es fácil, ya que el poder trascendental del aborto sobre la vida y la muerte es sobrecogedor. Un embarazo no deseado plantea siempre la disyuntiva de elegir entre una maternidad que no se quiere y un aborto que se aborrece. Pocas mujeres se imaginan la estrecha relación que existe entre la procreación y la supervivencia propia.

Independientemente de su legalidad, el aborto provoca grandes dilemas éticos, religiosos y personales. El 70 por 100 de la población estadounidense opina que el aborto debe ser una decisión privada de la mujer. No existe, en cambio, un consenso moral sobre si el aborto está bien o está mal. Tanto las explicaciones éticas como los argumentos religiosos son el resultado de siglos de polémica, a los que hay que añadir las vicisitudes y realidades de la vida moderna.

La mayoría de los argumentos comparan las necesidades y los derechos de la mujer con la naturaleza y los derechos del embrión o del feto. Casi todos son formulados categóricamente poniéndose de parte de uno o del otro. Así pues, para quienes consideran que el embrión es un ser humano con todos sus derechos, el aborto es una aberración y hasta un crimen. Para quienes el embrión no es una persona, los derechos de la mujer tienen prioridad.

Los partidarios del derecho de la mujer a decidir sobre el futuro de su embarazo se identifican como *pro-elección,* mientras que los que defienden los derechos del embrión y del feto se conocen como *pro-vida.* Tanto un grupo como el otro parecen vivir en mundos totalmente diferentes, no comparten la mismas premisas ni el mismo lenguaje. Están fervientemente convencidos de que sus opiniones sobre el aborto son las más correctas, éticas y morales. No obstante, es evidente su temor a que si el otro bando triunfase, muchos de los principios básicos que han guiado sus vidas quedarían devaluados.

Para las mujeres que se enfrentan con la dura realidad del embarazo indeseado, estos razonamientos son demasiado académicos o abstractos y prefieren optar por seguir su propia conciencia. Esta es probablemente la razón por la que, al menos en Estados Unidos, tanto las mujeres que se consideran religiosas como las que no muestran un índice de abortos parecido.

Aunque todavía existen sociedades en las que el aborto marca a la mujer con el estigma del homicidio, la vergüenza de la frivolidad y la culpa de un daño autoproducido, estudios recientemente publicados demuestran que cuando el aborto se lleva a cabo dentro de un contexto social que lo acepta, y la mujer recibe apoyo emocional de familiares y amigos, los efectos secundarios son insignificantes. De hecho, muchas mujeres se sienten profundamente aliviadas, menos angustiadas y menos deprimidas después de interrumpir el embarazo, especialmente si lo hacen durante los tres primeros meses de gestación. Por el contrario, tanto las mujeres que desean intensamente terminar su embarazo y no lo consiguen como los niños desafortunados que crecen en esta situación que la madre trató de evitar suelen sufrir daños emocionales.

Hoy existe ya una mayor aceptación del aborto por parte de la medicina, aunque en todas las sociedades hay médicos que practican el aborto y otros que no. El aborto es particularmente traumático para los médicos y enfermeras cuando se lleva a cabo después del primer trimestre de gestación, ya que el procedimiento es semejante al parto y la apariencia del feto es similar a la de un recién nacido. Apegados al principio de defender la vida a toda costa, y no siempre conocedores de la carga inmensa que supone un embarazo indeseado, muchos médicos, especialmente los varones, sienten gran ambivalencia ante el aborto.

Dentro de la pareja, para los hombres el aborto supone un dilema que algunas veces incluso supera al de las mujeres. Su angustia y el sentimiento de impotencia se acentúan no sólo por no poder acceder a la maternidad, sino porque tampoco controlan la decisión de terminar el embarazo.

Me parece que al enfrentarnos con el dilema del aborto no sólo cuestionamos la filosofía de la vida, el lugar que ocupa la mujer en la sociedad contemporánea y el papel que juega la maternidad en la realización femenina, sino que también aprendemos sobre nosotros mismos y nuestra capacidad de sentir compasión. En definitiva, el aborto nos plantea el difícil desafío de tener que valorar y comprender la condición de ser mujer y, paralelamente, reafirmar nuestro respeto por la vida humana.

(Mayo de 1991.)

52

HAMBRIENTAS DE PERFECCIÓN

La gran mayoría de las mujeres están hoy obsesionadas con su peso. El afán por adelgazar en busca de la figura perfecta se ha convertido en una compulsión tan fuerte como una convicción religiosa. La gordura femenina se considera antiestética, mientras que el triunfo de la voluntad sobre impulsos naturales como el hambre representa una virtud. Por lo tanto, la delgadez ofrece a las mujeres una posibilidad única para exhibir públicamente que han logrado las dos metas, tanto la belleza como el autocontrol.

Nunca se ha registrado un índice tan alto de mujeres que se sienten desgraciadas a causa de su físico y, en especial, de su exceso de peso, sea real o imaginario. Según encuestas recientes, hasta un 75 por 100 de las jóvenes norteamericanas se han sometido a dietas para adelgazar, a pesar de que sólo el 12 por 100 tienen un peso superior a la norma médica. Para muchas de estas jóvenes perder peso es más importante que los estudios, que los triunfos en la profesión, e incluso que los éxitos amorosos. En muchos casos el terror a la obesidad supera al miedo a la muerte.

Frente al esfuerzo infatigable de tantas mujeres por alcanzar la perfección corporal, la silueta juvenil, delgada y erótica, que celebra y glorifica la ecología psicosocial de nuestro tiempo a través de los medios de comunicación de masas, la trágica y desalentadora realidad es que ese mítico ideal se encuentra fuera de los límites biológicos de la mayoría. En Estados Unidos, por ejemplo, apenas un 4 por 100 de las féminas tiene la posibilidad de aproximarse al físico idealizado por la cultura de Hollywood y de la Avenida Madison. A pesar de esta realidad, millones de mujeres se sienten fracasadas y hasta culpables por no satisfacer las expectativas del mundo que les rodea, como si reconocieran implícitamente que su cuerpo no les pertenece, que forma parte del dominio de la sociedad.

En los últimos años, gracias a los movimientos feministas, la mujer ha logrado penetrar en el reino exclusivo de los negocios, de las profesiones y del poder político, controlado tradicionalmente por el hombre. Paradójicamente, a medida que la población femenina se libera y va superando los obstáculos que la cultura ha interpuesto tradicionalmente en su camino hacia la realización, los criterios sociales de belleza y perfección externa se hacen más exigentes e inalcanzables. Al mismo tiempo, las conductas compulsivas de las mujeres, orientadas a lograr estos imperativos estéticos, son consideradas cada vez más narcisistas y patológicas.

En la última década se ha observado un aumento espectacular del índice de perturbaciones psicológicas de la alimentación y de la imagen corporal, como la anorexia y la bulimia. La prevalencia de estas dolencias alcanza ya el 20 por 100 de la población femenina entre los dieciocho y los cuarenta años de edad. El creciente interés entre los profesionales de la psiquiatría por estas anomalías típicas de nuestra época es claro en Norteamérica desde 1987, cuando la obsesión patológica con la fealdad y especialmente con la *obesidad imaginaria,* fueron incluidas por vez primera en la clasificación oficial de enfermedades mentales.

La fobia a la gordura, o mejor dicho, a la representación mental de la gordura, produce estados profundos de ansiedad y de depresión, aísla socialmente a la mujer, la incapacita, la hace inefectiva y la impulsa a sumergirse en conductas autodestructivas como dietas rigurosas, ejercicios exhaustivos, vómitos autoprovocados, o el abuso de píldoras para adelgazar, de laxantes o de diuréticos. En su intento desesperado por dominar la naturaleza y encontrar la armonía vital, estas dolientes se vuelven esclavas del espejo y de la báscula, y clientes asiduas de especialistas de la nutrición, cirujanos plásticos, o psicólogos conductistas. Estos son esfuerzos vanos, ya que la búsqueda de metas inaccesibles crea en definitiva ilusiones malignas que destruyen cualquier posibilidad de autoaceptación.

Aunque la causa exacta de estas alteraciones se desconoce, no hay duda de que el medio urbano de hoy, competitivo y exigente, que alaba la juventud y devalúa la maternidad, configura y acentúa los ideales de perfección que nutren estos trastornos. Además, el valor de la apariencia es mayor en las metrópolis, donde la alta densidad de población facilita los encuentros múltiples, breves e impersonales, que realzan la importancia de las primeras impresiones. Los medios de comunicación, fustigados por la poderosa industria de la belleza, ejercen una enorme influencia al definir, legitimar y propagar el modelo corporal de belleza, a la vez que perpetúan los estereotipos. Por ejemplo, cada día existe una dicotomía mayor entre la imagen que los medios de comunicación identifican como la *figura femenina,* representada por el prototipo idealizado de joven delgada, activa e independiente, y la *figura de mujer*, madura, maternal y físicamente más cercana a la norma de la población general.

El impacto de los medios sobre estos valores sociales se aprecia, por ejemplo, en Rusia, donde al lado de los recientes ideales de libertad, reforma y apertura, se ha importado el modelo occidental de belleza femenina, tan opuesto a las *matryoshkas* —la colección de muñecas redondeadas y maternales que encajan unas dentro de otras—, figuras paradigmáticas del ama de casa del país. Especialmente en las grandes ciudades, sólo las jóvenes cuyo físico se acerca al ideal occidental acceden con facilidad a los escasos trabajos lucrativos.

No son pocas las feministas que ven en todos estos montajes una conspiración por parte de la sociedad y de las instituciones masculinas. Los hombres —argumentan—, consciente o inconscientemente, temen la capacidad y la libertad de la mujer y fomentan esta neurosis colectiva del culto al cuerpo, con el fin de erosionar el papel de las mujeres en el mundo del poder. Como resultado, muchas pagan con su libertad el mito de la belleza.

En realidad, los hombres frecuentemente aceptan e incluso necesitan la imagen física ideal del sexo femenino, al usarla no sólo como criterio para juzgar a las mujeres, sino incluso para realzarse ellos mismos si sus compañeras lucen las deseadas cualidades. En este sentido, la belleza femenina es como una especie de moneda en la economía de mercado y de consumo.

Es evidente que para muchas jóvenes el atractivo de estar delgada es el único mensaje claro y coherente que reciben de la sociedad y, como consecuencia, el atributo más importante al que aspiran. El enorme desgaste y desperdicio de tanto talento femenino que supone esta cruzada fútil en busca de la perfección del cuerpo, es comparable a una fuga masiva de cerebros de consecuencias devastadoras para la sociedad y, en particular, para tantas mujeres que luchan por su realización. Después de todo, la dieta es el sedante sociopolítico más poderoso en la historia de la mujer.

(Enero de 1992.)

LA BUENA MADRE

La imagen emblemática de la madre, esa mujer generosa y resignada, ese ama de casa segura, discreta, sufrida y siempre rebosante de instinto maternal, está siendo vapuleada violentamente en el escenario moral donde en estos momentos se debate la nueva maternidad. Las mujeres de Occidente se sienten acosadas por esa figura idealizada de madre. Es un papel que cada día les cae menos bien, porque no lo pueden desempeñar, aunque quieran. Atrapadas entre esa ficción maternal imaginaria, las expectativas feministas, las exigencias de la calidad de vida y las realidades económicas, las mujeres de hoy buscan desesperadamente y a tientas una nueva definición de buena madre.

La mujer ya no valora la fertilidad como antes, cuando la inmediata supervivencia de la especie humana parecía depender directamente de ella. Cada día está más convencida de que para participar en igualdad de condiciones en la vida económica, política y social de nuestro tiempo, es esencial poder controlar su fecundidad. Es cierto que esta actitud no le impide experimentar un profundo sentimiento de realización y de dicha cuando busca la maternidad y la consigue, pero, tarde o temprano, la gran mayoría se enfrenta al penoso desafío de compaginar su misión doméstica de madre con sus intereses o actividades profesionales de mujer. Dilema que a menudo se torna amargo y amenazador, y que refleja la complejidad, la confusión y el enorme reto que supone ser madre en los umbrales del nuevo siglo.

La participación de las madres en el mundo laboral es cada día mayor. En Estados Unidos, por ejemplo, sólo el 20 por 100 de las mujeres con hijos menores de seis años trabajaban en 1960, mientras que hoy trabajan el 58 por 100. Es verdad que algunas madres de clase acomodada eligen una ocupación fuera de casa para realizarse, pero muchas otras lo hacen por imperativos económicos. Con el tiempo, incluso aquellas que se ven obligadas a trabajar por un salario, descubren beneficios inesperados: un nuevo sentido de identidad, una mayor participación en la sociedad, un escape temporal reconfortante de los niños y de las labores domésticas, y, sobre todo, el orgullo de su independencia. La mayoría ha presenciado a su alrededor la dura realidad de la separación, el divorcio o la viudez y sabe apreciar el valor de la autonomía que ofrece un empleo remunerado.

Sin embargo, la imagen ideal de madre hogareña y consagrada está tan inmersa en nuestra cultura que muchas madres que trabajan se sienten en su fuero interno insatisfechas, piensan que no dan la talla, que no son buenas madres, independientemente de la armonía familiar que disfruten o de lo sanos o contentos que estén los niños. Se encuentran además desorientadas, en un terreno extraño, criando a sus hijos en un ambiente totalmente diferente del que ellas se criaron, o luchando solas, sin el apoyo del compañero, sin la ayuda de la sociedad ni de sus instituciones, y sin un guía que las dirija o aconseje.

La enorme dureza con la que las madres de hoy se juzgan a sí mismas es debida a que la imagen materna que brinda nuestra cultura —y que ellas han asumido— no invita a la tolerancia, al no permitir el término medio: *la madre razonablemente buena.* Y es que, desde siempre, los símbolos maternos sólo han representado los extremos opuestos, bien la madre perfecta y virtuosa, fuente inagotable de amor y de vida; bien la madre malévola y perversa —frecuentemente protagonizada por la figura de la madrastra— que sólo imparte el odio y la muerte.

Por otra parte, están los mitos que rodean al *instinto maternal,* esa fuerza natural e irresistible, propia de los genes femeninos, que presuntamente equipa por igual a todas las mujeres con los talentos y las cualidades emocionales de una madre feliz y efectiva. Tras confiar plenamente en estos impulsos naturales, cuando la experiencia de la crianza de los niños no coincide con las expectativas, muchas mujeres sienten confusión y angustia, y se cuestionan su identidad y su naturaleza de mujer.

Hoy, sin embargo, sabemos que la disposición y las aptitudes necesarias para ser una buena madre no dependen de una energía instintiva, sino de ciertos aspectos temperamentales de la persona y de fórmulas y comportamientos que en su mayoría se adquieren. De hecho, algunas mujeres aprenden estas técnicas y conductas mejor que otras, y no hay razón alguna para que los hombres no las puedan aprender también.

Todos los arquetipos son resistentes al cambio, pero uno tan potente como el de la figura materna es especialmente tenaz. La imagen idealizada de madre, labrada en la vieja losa de la división sexual del trabajo que forzó a la mujer al aislamiento, a la dependencia y a la desigualdad, aún perdura en la memoria colectiva, envuelta en el celofán brillante de la nostalgia, de los mitos y de los sueños.

Precisamente una de las cuestiones más apasionantes y polémicas dentro del mundo de la psicología académica es si las madres que trabajan ponen o no en peligro la seguridad emocional, el desarrollo intelectual o la felicidad de sus hijos. Las premisas de esta pregunta han generado agrios intercambios entre los investigadores que se ocupan de estudiarlas, y han inculcado el miedo y la culpabilidad en miles de madres.

Según algunos profesionales, cualquier restricción de la presencia materna durante la infancia crea un estado siniestro de carencia en los hijos y les provoca miedos y sentimientos profundos de impotencia y de abandono. Pero estudios recientes coinciden en que los niños que se crían con madres que trabajan fuera de la casa crecen con completa normalidad, siempre que estén bien atendidos por terceras personas y que estos cuidados sean responsables y no falte el cariño.

Expertos en el desarrollo infantil apuntan que las madres que trabajan y están contentas representan modelos muy positivos para los hijos, estimulan en los pequeños varones mayor sociabilidad y una actitud más firme hacia la igualdad de la mujer, y, en las niñas, un alto espíritu emprendedor y un sentimiento superior de autoestima y de independencia. Al mismo tiempo, las mujeres que viven una relación equilibrada entre la familia y sus ocupaciones tienen mayores probabilidades de adoptar una disposición constructiva y optimista con sus hijos que las mujeres que se sienten atrapadas en su papel de madre, o subyugadas en el trabajo.

La buena madre no se crea o configura a base de fuerzas instintivas o misteriosas, ni tampoco con símbolos idealizados inalcanzables, sino con atributos temperamentales femeninos concretos. La responsabilidad legendaria de la mujer de proteger la supervivencia de la especie la ha dotado de una capacidad especial para unirse al proceso diario de sustentación de la vida. También le ha dado una enorme aptitud para la intimidad y para relacionarse, una gran habilidad para integrar en lugar de separar, una escala de valores que sitúa la realización tangible del individuo por encima de los conceptos abstractos, una clara antipatía hacia la violencia, y una preferencia por la negociación y el consenso como métodos para resolver conflictos. Para mí, estas son precisamente las cualidades vitalistas y humanizantes de la buena madre.

(Junio de 1992.)

Aborto y empatía

En estos días el Tribunal Supremo de Estados Unidos ha reafirmado la esencia del derecho de la mujer al aborto antes de la viabilidad de la gestación, considerándolo «un ingrediente de la libertad al que no se puede renunciar». El dictamen de los jueces rezuma subjetividad, angustia, emotividad y humanismo, como si la febril agitación que provoca el aborto en la calle hubiese invadido la sacrosanta alta cámara judicial y contagiado a sus nueve magistrados, siempre tan remotos y aislados del mundo.

Pienso que esta histórica decisión evidencia empatía, la capacidad de los altos magistrados de ponerse en el lugar de la mujer, de ubicarse con afecto y comprensión en la difícil encrucijada de las embarazadas de hoy. «La libertad de la mujer —expresan con sensibilidad— está en juego de una forma inigualable en la condición humana... La madre que lleva a término un embarazo está sujeta a ansiedades, a limitaciones físicas y a dolores que sólo ella debe soportar. El hecho de que estos sacrificios hayan sido sobrellevados por la mujer desde el principio de la raza humana con un orgullo que la ennoblece ante los ojos de los demás, y que crea entre ella y el hijo una unión de amor, no puede ser, por sí solo, el fundamento que permita al Estado obligarla a hacer semejante sacrificio.»

Los miembros del Tribunal han sido conscientes de que, independientemente de las leyes del momento, en todos los tiempos hubo mujeres que consideraron el aborto como una alternativa ante el agónico dilema del embarazo indeseado. Antiguamente muchas embarazadas ansiosas por interrumpir la gestación imploraban a los dioses para expulsar el embrión del útero, otras lo intentaban ellas mismas llenándose la vagina de excremento de animales o de cenizas candentes, o golpeándose el vientre con piedras y palos, o ingiriendo brebajes ponzoñosos. En época más reciente se puso de moda introducirse hasta la matriz y clavarse agujas de hacer punto u otros objetos punzantes, con los que frecuentemente perforaban los órganos internos, y se causaban graves hemorragias o infecciones. De esta forma, muchas embarazadas, en la desesperación, se autoproducían el aborto, y a su vez sufrían daños irreparables o incluso la muerte, mientras que otras morían a manos de abortistas sádicos o incompetentes. Había casos, incluso, de mujeres que, sintiéndose indefensas y abrumadas, se suicidaban.

En la mayoría de países industrializados se permite ya la interrupción del embarazo bajo ciertas condiciones, y el aborto constituye un procedimiento médico seguro, efectivo y económico. Se calcula que unos cuarenta millones de mujeres de todo el mundo se enfrentan anualmente con este desafío intolerable de una maternidad que no quieren, y bien sea porque el feto sufre graves malformaciones, porque fueron violadas o víctimas de incesto, porque padecen incapacidad física o mental, porque les falta el apoyo del compañero o de la familia, o bien por razones económicas, por exigencias profesionales, por aversión al papel de madre, o simplemente por no desear tener hijos en ese momento de su vida, buscan la opción del aborto.

Sin embargo, incluso en las naciones avanzadas de Occidente, donde precisamente se encuentran los índices de interrupción del embarazo más altos, ningún tema provoca tantos enfrentamientos, tanta pasión y tan amarga controversia. La confrontación entre los grupos que se oponen al aborto, los que lo defienden y los que, aun sin defenderlo, se resisten a su prohibición, alcanza frecuentemente niveles de violencia alarmantes, lo cual demuestra cómo la sociedad todavía no ha resuelto el viejo y angustioso conflicto del embarazo indeseado.

El debate es tan intenso y está tan polarizado que son contadas las personalidades o los políticos que, tarde o temprano, no se vean acosados y tengan que definirse públicamente a favor o en contra del aborto, como ocurre periódicamente en Norteamérica coincidiendo con sus ciclos electorales.

El movimiento a favor de la despenalización del aborto está impulsado especialmente por la mujer de la ciudad. Su lucha infatigable por la liberación y la igualdad ha logrado convencer a un importante segmento de la sociedad del derecho inalienable a decidir libremente sobre situaciones que acarrean enormes consecuencias para su cuerpo y para su futuro, como son las graves secuelas de la concepción indeseada.

No cabe duda de que la sociedad urbana de hoy no valora tanto la maternidad como antiguamente, cuando la inmediata supervivencia de la especie dependía de la fecundidad de la mujer. La mayor parte de las mujeres actuales consideran el tener muchos hijos una desventaja, una carga emocional y económica. Cada día son más las mujeres conscientes de la estrecha relación que existe entre el control de su capacidad reproductiva y el dominio sobre sus vidas. Todo lo cual no impide el estallido de un enorme conflicto emocional cuando se enfrentan con la disyuntiva de elegir entre una maternidad que no quieren y un aborto que aborrecen.

Estudios recientes demuestran claramente que cuando el aborto se lleva a cabo dentro de un contexto social que lo acepta, la mayoría de las mujeres se sienten profundamente aliviadas, menos angustiadas y más esperanzadas después de interrumpir el embarazo indeseado. En efecto, las más desafortunadas son las mujeres que desean intensamente terminar su embarazo y no lo consiguen, pues además de sufrir depresión y ansiedad durante un largo tiempo, muchas de ellas terminan, consciente o inconscientemente, volcando su frustración y resentimiento hacia el niño que nació de una gestación que trataron de evitar. A su vez, estos *hijos indeseados,* cuando llegan a la edad adulta sufren una alta incidencia de trastornos de conducta, depresión, alcoholismo y drogadicción, tienen problemas con la ley, o expresan frecuentemente insatisfacción con la vida.

Los jueces del alto tribunal estadounidense, con notable sensibilidad y sencillez, han confirmado que «la capacidad de controlar sus vidas reproductivas es esencial para que las mujeres puedan participar en igualdad de condiciones en la vida económica y social de la colectividad». Al expresar su solidaridad y respeto por la calidad de vida de la mujer, los magistrados han demostrado que el dilema humano del aborto no se va a resolver con pancartas en la calle ni con leyes en los tribunales, sino en los corazones y las mentes de los hombres y mujeres. La interrupción del embarazo no es una cuestión de elegir entre los absolutos de la vida y la *no vida*, sino de *empatía* hacia la mujer, de vivenciar genuinamente la realidad femenina de nuestro tiempo.

(Julio de 1992.)

HILLARY Y LA SALUD DE UN PUEBLO

Hillary Rodham Clinton tiene hoy la oportunidad histórica de mejorar la salud de Estados Unidos. La mujer del presidente es la líder de una revolución social que promete proveer de cuidados médicos a todos los estadounidenses y, a la vez, estabilizar los costes astronómicos de la sanidad. A pesar de que la asistencia sanitaria consume el 19 por 100 del producto nacional bruto del país, treinta y siete millones de norteamericanos carecen de seguro de enfermedad, y uno de cada cuatro, o sesenta y tres millones de ciudadanos, perderán su seguro antes de finalizar 1995.

En el arduo camino hacia la reforma, Hillary tendrá que vencer a poderosos intereses e implacables enemigos: las multinacionales de productos farmacéuticos, las compañías de seguros, los colectivos médicos, la industria hospitalaria y un grupo bien atrincherado de representantes conservadores en el Congreso. Pero a pesar de tan feroz oposición, las condiciones psicosociales para que esta brillante abogada triunfe nunca han sido mejores.

Hace justamente un año, la victoria de su marido, Bill Clinton, en las elecciones presidenciales de Estados Unidos reflejó un cambio importante en el carácter de esta joven nación: la evolución de un país rebosante de prepotencia militar y de supremacía moral, de talante extrovertido y arrogante, que se creía escogido para defensor del mundo, a otro pueblo más inseguro, equívoco y vulnerable, más consciente de su pobreza, de su violencia y de sus plagas modernas de droga y de sida, en definitiva una sociedad que ha descubierto que el adversario no está fuera, sino dentro de sus fronteras. Como resultado de esta transformación, la conocida letanía de problemas y desconciertos de la vida americana de hoy, se está transformando en un vivo deseo de convivencia más humana, compasiva y saludable.

El sistema de asistencia sanitaria de un pueblo tiene profundas implicaciones psicológicas y sociales. Es un espejo cultural de la sociedad a la que sirve. Porque la salud no es la mera ausencia de enfermedad, sino un estado de bienestar físico, psíquico y social.

No hay que olvidar que la salud ha sido una preocupación natural femenina. Originalmente la sanidad se administraba casi exclusivamente en el hogar. Durante siglos, siguiendo la antigua tradición de la mujer curandera, las madres fueron responsables de la salud de la familia. Los ancianos incapacitados eran atendidos por sus hijas, los niños nacían en casa con la ayuda de matronas, y cuando eran necesarios los cuidados sanitarios, la mujer aplicaba los remedios caseros que a menudo preparaba en la cocina.

A medida que la sanidad se profesionalizó, las mujeres cuidadoras desaparecieron y los hombres tomaron el control de la asistencia sanitaria. En la actualidad, sin embargo, cada día son más los consumidores de servicios médicos que se quejan de la cruel burocratización, comercialización y racionamiento de la sanidad. Se lamentan, no sin razón, de la ausencia de humanidad y de atención personal en la medicina de hoy, de la desaparición de aquel «espíritu maternal» que hacía que la práctica de la medicina fuese un arte a la vez que una ciencia.

Hillary, según sus propias palabras, promueve su plan de reforma sanitaria sin precedentes «como madre, esposa, hija, hermana y mujer». Sostiene que para que sea aceptable, el nuevo sistema tendrá que pasar «la prueba de la madre»: las madres americanas deberán estar convencidas de que los cambios que se proponen son para mejor. Aunque no emplea un lenguaje feminista, tampoco elude dar la imagen de mujer poderosa, inteligente, carismática, con solidez y con un don único para persuadir a los grupos de presión más rígidos y recalcitrantes y, sin duda, para fascinar al público.

El feminismo que proyecta Hillary acentúa lo positivo, enfocando siempre lo que la mujer puede hacer y no lo que la sociedad —o el hombre— no deja que hagan las mujeres. Es un feminismo sin víctimas ni culpables, sin amenazas, sin rencor hacia los hombres, sin retórica de opresión. Hillary rompe la barrera entre la mujer profesional y la mujer madre, entre una experta en asistencia sanitaria y una madre cariñosa. Combina el atractivo cautivador que llamamos *femenino* con la firmeza de acero que se asocia con los hombres poderosos y persuasivos.

Al observar la efectividad sorprendente de Hillary Clinton, pienso que, en cierto modo, la posición subordinada de la mujer que, a lo largo de la historia y a través de tantas culturas la ha mantenido fuera de la corriente principal dominada por los hombres, se ha convertido en una fuerza extraordinaria de convicción. Al no estar programadas para actuar conforme a las reglas tradicionales y los modos de pensar tan arraigados en la cultura dominante masculina, estas mujeres líderes aportan percepciones más novedosas y estrategias de persuasión más eficaces.

Dada su orientación natural a través de los siglos, la mujer está particularmente equipada para actuar como agente de evolución social. Su compromiso proverbial con la supervivencia de la humanidad, le ha proporcionado poderosos impulsos para cuidar y sustentar la vida, y la ha obsequiado también con una gran capacidad para la confianza, todo lo cual alimenta su profunda necesidad de relación. Esta esencia vitalista y este pacto con la continuidad de la especie implican un interés por los procesos que día a día nutren la existencia, una gran habilidad para integrar en lugar de separar y una aptitud especial para la empatía, para ubicarse genuinamente, con afecto y comprensión, en la realidad ajena.

La mujer, por naturaleza, posee una escala de valores que la hace preferir la igualdad y resistir las jerarquías, situar el bienestar y el desarrollo palpable de la persona por encima de los principios intangibles, sentir una clara predilección por la compasión, el diálogo y el acuerdo como tácticas favoritas para resolver desavenencias. Estas son las propiedades benevolentes y racionales que hoy se necesitan para lograr cambios sociales importantes y, en particular, para mejorar la salud de un pueblo.

(Noviembre de 1993.)

HOGARES SIN PADRE

Hace unos meses, charlando con un grupo de muchachos adolescentes entre dieciséis y dieciocho años de edad en un colegio público de un barrio del Bronx de Nueva York, tuve la oportunidad de aprender algo sobre su visión de la paternidad. En algún momento de la conversación les hice la siguiente pregunta: ¿cuántos sois padres?, sólo tres levantaron la mano. Como la respuesta me sorprendió, pues no coincidía en absoluto con la realidad demográfica que conocía, al poco rato les hice otra pregunta: ¿cuántos habéis hecho un niño?, inmediatamente la mayoría alzó la mano. Resulta obvio que estos adolescentes hacen una clara distinción entre ser padre y hacer niños.

Para estos jóvenes ser padre significa tomar responsabilidad, proveer seguridad y afecto, estar presentes, algo que desafortunadamente la mayoría de ellos nunca ha observado o experimentado en sus propios hogares. Hacer un niño, por el contrario, significa que han tenido relaciones sexuales con una joven y *ella* ha tenido un hijo.

Cada día más pequeños son criados y educados solamente por la madre. El número de familias sin padre en Estados Unidos ha aumentado a una velocidad sorprendente. En las últimas décadas la proporción de niños menores de dieciocho años que viven en familias monoparentales encabezadas sólo por la madre se ha incrementado del 6 por 100 en 1954 al 24 por 100 en 1994. Dentro de este grupo, el 32 por 100 son madres solteras, el 61 por 100, divorciadas o separadas, y el 7 por 100, viudas. Hoy aproximadamente diecinueve millones de menores norteamericanos viven en hogares sin padre. En España, donde la tendencia al aumento de estos hogares es alta, en 1994 había aproximadamente 280.000 familias configuradas principalmente por mujeres solas con hijos menores a su cargo.

En general, los niños y las niñas necesitan un modelo paterno —este no tiene que ser necesariamente el padre biológico— para formar su yo, para consolidar su identidad sexual y para desarrollar sus ideales y sus aspiraciones. En el caso del hijo varón, la falta absoluta de padre es a menudo traumática. La presencia del padre es especialmente importante a la hora de aprender a modular la intensidad de los impulsos agresivos. De hecho, ciertas patologías que hoy afligen a bastantes jóvenes, como la desmoralización, la desesperanza, la apatía o incluso la delincuencia, tienen en común la ausencia absoluta de padre en el hogar. En Estados Unidos, por ejemplo, los adolescentes procedentes de hogares sin padre tienden a abandonar el colegio prematuramente, a estar desempleados y a envolverse en actividades antisociales con más frecuencia que aquellos que tienen una figura paterna en casa. A su vez, estos jóvenes tienen mayor posibilidad de no involucrarse con sus propios hijos el día de mañana.

Para la hija, el padre constituye el primer hombre de su vida. Su presencia, su cariño y su reconocimiento de los encantos y atractivos femeninos, fomentan en ella actitudes y comportamientos que definen socialmente a la mujer. La ausencia de padre rompe en muchas hijas el equilibrio entre el *yo* y el *otro*. Por otra parte, la obsesión por lograr la aprobación del padre, que nunca llegan a alcanzar, las empuja a buscar compensaciones como la perfección física, la necesidad compulsiva de sentirse deseadas por el sexo contrario —con frecuencia por hombres en posición de autoridad—, o a desarrollar una fuerte competitividad y rivalidad con otras mujeres. Aunque la intención de estas jóvenes es conectar con el padre ausente, el resultado es un estado doloroso y conflictivo de desconexión e inseguridad frente a la vida. Estas niñas también exhiben una mayor probabilidad de ser el día de mañana madres solteras.

La necesidad de padre no satisfecha suele provocar en hombres y mujeres un sentimiento crónico de pérdida y una cierta dificultad para relacionarse de forma grata con figuras paternales o de autoridad. A menudo, este deseo profundo e insaciable de unión emocional con el progenitor no se disipa y es arrastrado en silencio a las relaciones futuras de pareja, a su propia familia, e incluso es transmitido a generaciones futuras.

Con esto no quiero decir que las mujeres que educan solas a sus hijos estén destinadas sin remedio a producir criaturas con problemas. La mayoría disfruta de hijos e hijas sanos y equilibrados. La razón es que la estampa paterna se construye en la mente de los niños no sólo de rasgos del progenitor, sino también de atributos de otros hombres importantes de la infancia y de cualidades paternales idealizadas que las criaturas captan de los ídolos de su tiempo. No obstante, bastantes mujeres a quienes les falta un compañero con quien compartir sus sentimientos y la carga del hogar, especialmente en circunstancias de estrés y de pobreza, sufren una clara desventaja. Los pequeños que crecen en estas condiciones, con frecuencia sienten o intuyen la decepción y la rabia solapadas que albergan sus madres hacia los hombres de sus vidas. A medida que observan su lucha en solitario, muchos de estos hijos aprenden desde muy pronto que el ser hombre constituye una dudosa cualidad.

No son pocas las mujeres en estos hogares que se resienten de su papel de madres solas y llegan incluso a albergar una sensación profundamente amarga de haber sido estafadas por la sociedad. Por muy bien que las cosas funcionen en la casa, la responsabilidad que han asumido es inmensa. Sencillamente, son tantas las decisiones que es preciso tomar, las tareas a las que hacer frente, las presiones que hay que soportar, que al final no encuentran ni un solo momento para dedicarse a ellas mismas.

Una carga emocional bastante pesada entre las madres solas por motivo de una separación es el sentimiento de culpa que experimentan al pensar que privaron a sus hijos de la dicha de una familia completa. Pero hay otra fuente de angustia aún peor: ver cómo se intensifica su propio rencor hacia los hijos al comprobar que estos se interponen en su camino hacia la autonomía, la realización y la felicidad. Los niños interfieren con otra meta: poder establecer una nueva relación sentimental. Para empezar, los pequeños absorben todo el tiempo libre pero, además, como siguen manteniendo viva la fantasía de que el padre ausente volverá algún día, intentan, consciente o inconscientemente, socavar cualquier posibilidad de que la madre entable otra relación amorosa.

Con la proliferación de los hogares monoparentales encabezados por la mujer, la escasez de padre se está considerando cada día más un producto natural de la cultura occidental. Muchas comunidades urbanas de hoy se organizan de acuerdo con supuestos y normas sociales que dan por hecho que una gran proporción de sus niños crecerán sin conocer a su padre. El problema es que mientras haya hogares sin una figura paterna, seguiremos encontrándonos con muchachos incapaces de reconocer la relación que existe entre hacer niños y ser padres.

(Agosto de 1995.)

LA VIOLACIÓN DE LA MUJER

La agresión sexual contra la mujer ha recibido estos días una atención inusitada. En Italia, después de un verano marcado por una erupción de violaciones salvajes, el Parlamento contempla endurecer su legislación, que data de 1936 y que define ambiguamente esta ofensa como una falta contra la moralidad pública. En Estados Unidos, asociaciones de mujeres se quejan con amargura de que los ataques sexuales no hayan disminuido pese a que el crimen violento se ha reducido un 20 por 100 en lo que llevamos de año. Estos sucesos han coincidido con la publicación por la Organización de Naciones Unidas de un informe —con motivo de la Conferencia Mundial sobre la Mujer que se celebra en Pekín— que confirma que la invasión a la fuerza del cuerpo femenino por el hombre continúa impregnando la historia de la humanidad.

Me imagino que el descubrimiento de que los genitales masculinos podían servir de arma contra la integridad física y psicológica de la mujer debió figurar entre los hallazgos prehistóricos más importantes, junto con el fuego o el hacha de piedra. Desde los comienzos del orden social basado en el principio justiciero del talión —«vida por vida, ojo por ojo, diente por diente...»—, la mujer se ha encontrado en una situación de obvia desigualdad: debido a imperativos anatómicos, el hombre es el violador natural, y ella la presa segura, sin posibilidad de vengarse de la misma forma.

Sin tener en absoluto en cuenta a la mujer, durante siglos el abuso sexual fue considerado un agravio de un hombre contra otro hombre, un delito contra la propiedad privada del varón, ya fuese

73

este el padre, el esposo o el amo. La antropóloga Margaret Mead estudió pueblos primitivos donde la violación como método para controlar a las mujeres más independientes y audaces se practicaba con asiduidad. Sin ir más lejos, los doscientos años de esclavitud legal en Norteamérica fueron algo más que una cuestión de racismo de los blancos hacia los negros. La mujer negra no sólo fue explotada como fuente de trabajo, sino también como máquina suministradora de niños esclavos y como prueba de virilidad para su dueño. Este, a modo de incentivo, siempre podía echar mano del látigo, el cuchillo o la pistola.

Tampoco hay que olvidar que el contrato nupcial ha exigido tradicionalmente la subyugación de la esposa a los caprichos sexuales del cónyuge, por dolorosos o denigrantes que fueran. Hoy se empieza a dar su debida importancia a la *violación de cita,* en la que el asaltante es un amigo o conocido de la agredida. Un estudio reciente en treinta universidades estadounidenses indica que el 12 por 100 de las estudiantes han sido forzadas sexualmente por algún colega, mientras que el 48 por 100 de los varones encuestados opina que «a las mujeres les gusta que las coaccionen a practicar el sexo».

Existen formas de violación especialmente despiadadas. Cuando los hombres violan en pandilla, su absoluta ventaja física se une al anonimato y al descontrol del grupo, y se producen orgías en las que el destrozo de la mujer —si sobrevive— llega a alcanzar niveles inconcebibles de crueldad. Precisamente, las guerras generan un poder colectivo masculino inaudito, incluyendo la licencia tácita para ultrajar con saña ritualista el cuerpo femenino: después de ser violadas, a muchas mujeres les cortan los pechos, les rajan el vientre o les introducen objetos punzantes por la vagina. De hecho, la vejación de la mujer del bando contrario constituye un acto emblemático del folclor castrense. Pero una vez que se han escrito las historias militares y las batallas se convierten en leyendas, las violaciones se suelen pasar por alto o descartar como exageraciones. Sin embargo, para bastantes mujeres la injuria sexual es algo más que un síntoma de la guerra y de sus brutales excesos. El verdadero problema, señalan, son los hombres, su carácter psicopático y sus tendencias violentas y misóginas.

La violación es un asalto aterrador, un ataque degradante que daña gravemente a la víctima, sin contar el posible embarazo indeseado o incluso la muerte. Destruye su estado básico de seguridad, quebranta su confianza en el orden natural o su fe en la providencia divina. Sumerge a la mujer en un estado de crisis existencial y rompe los principios elementales que guiaban sus relaciones humanas y el sentido de *sí misma*. Con frecuencia, el trauma deja a la violada demasiado vulnerable para denunciar el crimen. Y es que el estigma y las convenciones sociales la culpan sutilmente de haber sido la causante de su propia derrota. Se la juzga más como «pecadora» que como ultrajada. El consenso suele ser: «una mujer no puede ser violada si no se deja». Como consecuencia, la superviviente descubre una asombrosa disparidad entre su devastadora experiencia real y la suspicaz interpretación de esa realidad por los demás.

Sospecho que en el inconsciente colectivo todavía perdura la gloria de Santa Inés, Santa Lucía y otras mártires inocentes, consagradas por la Iglesia católica por ignorar su instinto de conservación y dar su vida violentamente defendiendo su virginidad. ¿Quién no recuerda a María Goretti, la joven campesina italiana apuñalada de muerte en 1902 y santificada apresuradamente en 1950 por su heroica resistencia al violador? En la homilía de su canonización, el papa Pío XII describió el ataque que le mereció el cielo como «un atractivo placer».

Varias investigaciones sobre la personalidad y motivación de los violadores identifican, por un lado, al sadista sexual que se excita con el dolor de su víctima y, por otro, al explotador que vive obsesionado con fantasías eróticas de dominio. La mayoría de estos verdugos se caracteriza por su baja autoestima, torpeza social, duda sobre su capacidad sexual y por un profundo —aunque solapado— resentimiento hacia las mujeres que a menudo se remonta a una infancia saturada de rechazos maternales. En mi opinión, todas las violaciones son ataques impulsados por fantasías de revancha, de dominio y de poder. Un tercio de estos agresores no completa el acto sexual.

Nuestra cultura moderna promueve calladamente la violación a través de las fuerzas sexistas, más o menos explícitas, que celebran la figura del «héroe violador», confunden peligrosamente sexo y violencia, y reducen a la mujer a una posesión deshumanizada del hombre. Desde Zeus, Apolo y otros dioses del Olimpo, pasando por personajes como Gengis Kan o los caballeros feudales, hasta los «rambos» de nuestro tiempo, las hazañas masculinas de valor más admiradas han ido casi siempre de la mano de la agresión sexual contra la mujer. Estos ideales varoniles hegemónicos y violentos infiltran el mundo de los niños, sus lecturas, sus programas televisivos y sus juegos de vídeo. Absorben su imaginación y, con el tiempo, configuran sus actitudes y comportamientos.

No creo que estemos tan lejos del día en que podremos negarle el futuro a la violación. Los continuos y esperanzadores avances en la posición social, jurídica y económica del sexo femenino alimentan esta convicción. Pero ese día no llegará mientras nuestro modo de vivir incluya expectativas que ignoran el derecho natural de la mujer a la integridad de su cuerpo, a la autonomía personal y, en definitiva, a existir libremente y sin miedo de su compañero de cama y de vida.

(Septiembre de 1995.)

EL RESCATE DE O. J. SIMPSON

O. J. Simpson, el famoso jugador de fútbol americano de raza negra y estrella de la televisión, fue definitivamente absuelto por un jurado de Los Ángeles de haber asesinado a puñaladas a su ex mujer de raza blanca, Nicole Brown, y a un amigo de ella. Por fin, el omnipresente e intoxicante zumbido del juicio más surrealista del siglo, que durante un año ha retumbado de radio en radio y de televisor en televisor, ha cesado. Pero el clamor de las secuelas raciales del sorprendente rescate del *Otelo del siglo XX* sigue sonando fuertemente en Norteamérica.

Acontecimientos espectaculares como este tienen a menudo dos lecturas o significados. Uno está basado en lo que verdaderamente sucedió, en los hechos. El otro se apoya en lo que creemos que ocurrió, en los mitos que rodean al suceso. El *caso Simpson,* independientemente de los datos reales, se ha convertido en una amarga metáfora del racismo femenino americano.

En mi opinión, el veredicto ha puesto al descubierto el abismo racial que separa a las mujeres. Para la mayoría de las mujeres blancas, la historia de Simpson es la odisea personal de un hombre enloquecido por los celos y enfangado en un delito pasional. No pocas, conocedoras de las palizas que según sus antecedentes policiales propinaba periódicamente a Nicole, ven el drama de una esposa golpeada impunemente por un marido que ni valoraba su dolor ni su vida. Sienten la tragedia de una madre salvajemente asesinada mientras sus hijos pequeños dormían al otro lado de la puerta. La evidencia en contra de Simpson les parece convincente:

su historial de agresiones contra la víctima, su conducta errática y suicida el día que fue inculpado, las múltiples pruebas basadas en el ADN de su sangre que demostraban su presencia en la escena del crimen, la falta de otra hipótesis que explique el sangriento homicidio.

Sin embargo, para la gran mayoría de las mujeres negras del país este incidente va más allá de los hechos concretos. Simboliza la peligrosa intersección de sexo y raza. No podemos olvidar que un hombre negro acusado de violencia contra una mujer blanca resucita imágenes diabólicas de brutales linchamientos que yacen sepultadas en las profundidades del inconsciente colectivo de este pueblo.

Presiento que las nueve mujeres afroamericanas que componían el jurado de los doce, dejaron a un lado su lealtad al sexo femenino y su indignación con los hombres que maltratan a sus esposas, y optaron por ver en la historia de Simpson un complot racista, una conspiración del sistema de justicia de Los Ángeles para incriminar a otro hombre de su raza. Intuyeron una trampa parecida a la actuación de los policías que apalearon impunemente al joven negro Rodney King en 1992, en la misma ciudad, ante millones de telespectadores horrorizados.

El dictamen del jurado ha expuesto el conflicto que siempre se hace evidente cuando las mujeres de color, forzadas a tomar partido, se solidarizan con sus compañeros de raza, y abandonan a las mujeres blancas, a pesar de compartir con ellas la proverbial explotación masculina. Es cierto que Simpson era un hombre indiferente hacia la comunidad negra, que había disimulado su identidad racial para cruzar a un mundo ilusorio sin color. Nunca habló de racismo ni reivindicó los derechos civiles de los suyos. Prefería mujeres blancas, amigos blancos, negocios de blancos y clubes de golf blancos de los que se excluía a otros negros. Pero ni este pasado ni las pruebas de los fiscales pudieron con la influencia de las profundas desigualdades que han existido entre las mujeres blancas y las de color durante generaciones. La mayoría de las negras acomodadas recuerdan cómo sus madres o sus abuelas limpiaban los suelos para las mujeres blancas. Pero, sobre todo, la mujeres de color envidian a las blancas por tener a un hombre que las cuide, un lujo que ellas no tienen. Dos tercios de todos los niños negros menores de dieciocho años viven en hogares sin padre, más del triple que los blancos. Y aunque la penosa experiencia de violencia doméstica en familias blancas y negras sea parecida, según la mujer negra, la razón por la que su marido la maltrata es el racismo y la discriminación que sufre a diario.

Las mujeres de raza negra son conscientes de que sus hombres forman una población encarcelada, pues un tercio está en prisión o en libertad vigilada. Muchos ni siquiera llegan a la celda pues el homicidio es una de las causas más frecuentes de su muerte, ocho veces más alta que entre los blancos. Los negros también sufren de muerte prematura, puesto que mientras la expectativa de vida para los hombres de raza blanca es de setenta y tres años, para los negros es de sesenta y cinco. Muchos más negros que blancos mueren de ataques al corazón, diabetes y cirrosis de hígado. La corta vida que caracteriza a esta minoría ha sido relacionada científicamente con el estado continuo de frustración que supone vivir soportando recalcitrantes prejuicios raciales. No es de extrañar, pues, que haya mujeres negras que estén convencidas de que la mayoría blanca no quiere a sus hombres y, más o menos conscientemente, les desea la muerte.

La experiencia de dos siglos de esclavitud legal ilustra con crudeza la opresión que ha sufrido la mujer negra en Estados Unidos. La esclavitud supuso la tiranía del hombre blanco, pero pocas dudan de que esto ocurrió con el silencio o incluso el beneplácito de su compañera blanca. De hecho, la mujer negra sufrió una doble explotación: fue utilizada como fuente de trabajo y como máquina reproductora. Su cuerpo pertenecía totalmente al amo blanco. Aparte de servir de prueba de virilidad y fortaleza para el señor, significaba el suministro regular y seguro de niños esclavos —daba igual que fueran negros o mulatos—, lo cual suponía mano de obra segura y barata, pues a los ocho años ya comenzaban a trabajar.

Hoy O. J. Simpson vive libre. La mujer negra le ha rescatado, no sólo de la cadena perpetua, sino también de la sociedad blanca. En el fondo, era de esperar la sentencia del jurado. Porque las mujeres de color de este país nunca van en contra de sus hombres. Simplemente, se niegan a dar a los blancos racistas más munición.

(Octubre de 1995.)

III
SECRETOS Y TABÚES

Eva tomó la fruta del árbol prohibido y comió. Seguidamente le ofreció a Adán y él también comió. De inmediato los ojos de ambos se abrieron y se dieron cuenta de que estaban desnudos. Cosieron apresuradamente unas hojas de higuera, se hicieron unos ceñidores y se cubrieron con ellos.

Libro del Génesis, 3, 6, 7

La Vía de la Psicoterapia

La campaña electoral para elegir un nuevo presidente de Estados Unidos está repleta de declaraciones sorprendentemente abiertas sobre crisis personales, conflictos maritales, problemas de drogadicción o búsqueda de uno mismo. Tanto el candidato demócrata, Bill Clinton, como su compañero para la vicepresidencia, Al Gore, han reconocido espontáneamente y sin ambages haber escogido la vía de la psicoterapia para resolver sus dificultades personales. Clinton recurrió al diván para poder sobrellevar la adicción a la cocaína de su hermano y el alcoholismo de su padrastro, mientras que Gore acudió con su esposa al psiquiatra para superar el fuerte trauma emocional ocasionado por el atropello de su hijo por un camión, hace tres años. Ambos jóvenes pretendientes al timón norteamericano han afirmado públicamente, con convicción y entusiasmo, los efectos saludables y curativos de sus experiencias con el psicoterapeuta.

Parece, pues, que a diferencia de los políticos de antaño, quienes se vanagloriaban de sus proezas en el campo de batalla para demostrar ante el electorado su solidez de carácter, los estadistas de hoy comienzan a alardear de otro tipo de heroísmo, de una prueba de fuego diferente: haberse enfrentado a sus conflictos emocionales y a las dificultades que la vida les ha planteado.

Es evidente que existe un abismo entre la atmósfera de tabú y de rechazo que hace unos años rodeaba a la ayuda psicológica, y el clima de aceptación e interés que disfruta la psicoterapia en la actualidad. La mera alusión a haber visitado a un psiquiatra implicaba antaño una prueba incuestionable de locura o, cuando menos, un estigma irrefutable de debilidad y de fracaso personal. Y en el caso de los políticos, constituía un motivo suficiente para eliminar cualquier posibilidad de éxito en las urnas.

Un reflejo de la mayor aceptación actual de la psicoterapia es el crecimiento extraordinario que ha experimentado el campo de la salud mental en los países industrializados de Occidente. En Norteamérica, por ejemplo, en los últimos cinco años el número de psiquiatras ha crecido de 33.000 a 37.000, los psicólogos han aumentado de 32.000 a 44.000, y los consejeros matrimoniales se han multiplicado de 28.000 a 43.000. La concentración de estos especialistas es particularmente alta en las grandes urbes, donde se calcula que el 15 por 100 de la población sufre trastornos emocionales receptivos a la psicoterapia, y se acude sin reparos al médico de la mente para abordar dilemas existenciales, aclarar dudas vocacionales, resolver desavenencias interpersonales o mitigar leves estados de descontento. Sólo en el barrio más céntrico de Nueva York, Manhattan, se encuentran registrados casi 3.000 psiquiatras activos en la práctica de la psicoterapia o del psicoanálisis.

Sin embargo, el auge en la popularidad del remedio psiquiátrico también ha ido acompañado por actitudes contrapuestas y una intensa ambivalencia hacia el terapeuta. Los psiquiatras en particular sufren de una imagen pública profundamente mixta que quizá constata su doble herencia de la religión y de la medicina. Unas veces, se les idealiza como figuras paternas o maternas llenas de sabiduría y de comprensión, siempre dispuestos a ayudar en tiempos difíciles, a proveer apoyo incondicional. Otras veces, se les desprecia como hechiceros o charlatanes que prometen mucho pero rinden poco, se les teme, o se les atribuyen poderes tan mágicos como malévolos para influenciar la conducta ajena, o para leer lo más recóndito del pensamiento y descubrir los deseos humanos más secretos, primitivos y vergonzosos.

De hecho, a los ojos de Hollywood la consulta del psiquiatra ya no es sólo el templo inviolable de la terapia del espíritu, sino que además se ha convertido en un escenario para el sexo pasional, las aventuras truculentas o para el crimen diabólico. Varias películas recientes de gran éxito como *Análisis final, El príncipe de las mareas, Instinto básico* y *El silencio de los corderos* dramatizan crudamente la intrincada identidad del alienista de hoy.

Aunque se han identificado cerca de cuatrocientas escuelas diferentes de psicoterapia, las terapias de orientación psicodinámica o psicoanalítica son las más extendidas. Con raíces en la obra de Sigmund Freud de principios de siglo, estas psicoterapias han adoptado a lo largo de los años una visión más optimista y flexible del ser humano y un concepto más igualitario de los dos sexos. La premisa fundamental de este modelo es que todas las personas son esencialmente buenas, pero utilizan solamente una pequeña parte de su potencial de productividad, de realización y de felicidad. Entre las causas de este problema se incluyen la poderosa influencia del inconsciente sobre el comportamiento humano, la falta de conocimiento del individuo sobre las verdaderas motivaciones de sus actos, las experiencias dolorosas o aterradoras infantiles u otros traumas posteriores, y la angustia que producen ciertos dilemas existenciales como la inevitabilidad de la muerte.

Hoy, la práctica de la psicoterapia es variada, compleja y requiere años de preparación. El objetivo del tratamiento no es sólo aliviar el síntoma patológico concreto, sino cambiar aspectos más abstractos de la persona, como rasgos perniciosos del carácter, actitudes destructivas que interfieren con el goce de las relaciones personales o el trabajo, o hábitos nocivos que fomentan la desmoralización.

Implícitos en la misión de la psicoterapia se encuentran los pricipios que exaltan, por un lado, la racionalidad, el autocontrol y la disciplina, y, por otro, la introspección y el análisis honesto y objetivo de las ideas, las emociones, los deseos y los conflictos. En otras palabras, los viejos valores socráticos de *¡conócete a ti mismo!* o *¡la verdad te hará libre!*

La psicoterapia nos empuja a aceptar la responsabilidad de nuestras dificultades, fomenta en nosotros la seguridad, la autoestima y la independencia y, sobre todo, ayuda a encontrar explicaciones —generalmente desprovistas de sentido religioso— de uno mismo y de la ecología psicosocial que nos rodea. Como sugiere el psiquiatra estadounidense Jerome D. Frank, la necesidad del ser humano de tener en todo momento una explicación del mundo en el que vive es tan fundamental como la necesidad de alimentos o de agua. De la misma forma que la naturaleza detesta el vacuo físico, la mente humana aborrece el vacío que produce la falta de significado o de sentido de las cosas.

Pienso que la vía de la psicoterapia se ha convertido en un método atractivo y eficaz para abordar muchos de los conflictos y problemas personales típicos del hombre y de la mujer de nuestro tiempo. Un ejemplo llamativo son Bill Clinton y Al Gore, estos jóvenes políticos que en su campaña electoral han declarado sin reparos haberse beneficiado del proceso terapéutico. Al igual que las *cuatro verdades nobles,* esta moda nos recuerda que la vida es irremediablemente difícil, pero las dificultades de la existencia se pueden superar si reconocemos sus causas y vencemos los obstáculos que se interponen en nuestro camino.

(Octubre de 1992.)

SOLDADO Y HOMOSEXUAL

La decisión del presidente de Estados Unidos, Bill Clinton, de anular el reglamento que prohíbe la entrada de homosexuales en el ejército, ha detonado el explosivo tabú de la homosexualidad. El enfrentamiento entre los grupos que se oponen a este cambio y los que lo defienden alcanza con frecuencia alarmantes niveles de furor y de dureza. El debate está tan polarizado que son contados los políticos o los famosos que no se vean obligados a definirse públicamente a favor o en contra del soldado homosexual.

En los sectores conservadores, religiosos y militares muchos piensan que aceptar oficialmente a homosexuales en el ejército es intrínsecamente incompatible con la esencia de la *cultura militar*. Este grupo razona que las personas de orientación homosexual introducirían una gran ansiedad y tensión sexual en la tropa, destruirían la disciplina y el trabajo de equipo tan necesarios en las operaciones de combate y, a la larga, comprometerían la seguridad de la nación. En privado bastantes confiesan nerviosamente visiones chocantes de soldados siendo acosados o seducidos sexualmente por compañeros homosexuales, o predicen escenas grotescas de *marines* de permiso con ojos y labios pintados, luciendo pendientes de perlas o pechos postizos.

Por su parte, quienes favorecen la reforma del código militar señalan que dado que no existe evidencia alguna que indique que los soldados homosexuales no estén capacitados para llevar a cabo la misión de guerra, la controversia actual es realmente un problema de discriminación, de fanatismo y de intolerancia. Una sociedad civilizada, alegan, no maltrata ni margina a un individuo por una condición que la naturaleza le ha proporcionado, sea su raza, su sexo o su preferencia sexual. La cuestión es si la sociedad está o no dispuesta a aplicar esta norma básica de civilización a los homosexuales.

Nadie niega que siempre hubo y siempre habrá homosexuales ocultos en las Fuerzas Armadas. Los expertos mantienen que la historia está repleta de renombrados líderes castrenses homosexuales como Alejandro el Grande o Ricardo Corazón de León, y advierten que cientos de militares homosexuales en silencio —algunos incluso altamente condecorados— sirven hoy honrosamente en el ejército. Este dato no debe sorprender a nadie ya que se calcula que el 3 por 100 de los hombres y el 2 por 100 de las mujeres de los países occidentales son exclusivamente homosexuales, mientras que los índices de homosexualidad pasajera o bisexualidad son considerablemente más altos. No hay duda de que existe una enorme discrepancia entre lo que es estadísticamente normal y lo que se juzga culturalmente anormal.

Desde tiempos bíblicos la homosexualidad ha sido considerada un tabú, una abominación. El mismo diseño anatómico humano parece revelar un plan divino imperturbable para el uso apropiado de los órganos sexuales. Las relaciones sexuales entre personas del mismo sexo se han visto históricamente como un peligro para la supervivencia humana, una violación de la naturaleza, una grave transgresión, un vicio vergonzante y, en ciertas sociedades, un crimen. Por estas razones no sólo se discrimina a los homosexuales socialmente, incluso en el seno de su propia familia, sino que a menudo son objeto de desprecio, ridículo y humillación.

Todavía no se conoce la causa de la homosexualidad, ni se sabe con certeza si es una condición innata o adquirida. Unas explicaciones culpan a los genes, la herencia y la naturaleza, mientras que otras lo imputan a ciertas experiencias de la niñez, a la crianza. Independientemente de su origen, hoy los especialistas en el tema coinciden en que la identidad homosexual es una variación de la norma que está inscrita tanto biológica como psicológicamente en el ser y, por lo tanto, fuera del control de la persona. La orientación homosexual no es una enfermedad, no se contagia, no es la consecuencia del menosprecio de las normas sociales, ni la secuela de una infancia sórdida. Esta postura refleja la visión del mismo Sigmund Freud. «La homosexualidad —escribió en 1925— ocurre en personas que no muestran ninguna desviación de lo normal, en individuos cuya capacidad para funcionar está intacta, que se distinguen a menudo por su superior desarrollo intelectual y por sus principios éticos.»

No se puede negar que en las últimas décadas los hombres y las mujeres homosexuales han ganado justamente terreno en su lucha por el reconocimiento y la igualdad. Desgraciadamente, en 1981 brotó la maldición devastadora del sida. Esta epidemia se ha convertido en un pretexto que muchos usan para culpar a la víctima, para justificar la vuelta a la discriminación homofóbica y, en definitiva, para reafirmar con ardor de cruzada los valores heterosexuales de la mayoría.

Es un hecho constatable que hoy día en muchas comunidades los homosexuales continúan siendo una minoría humillada y oprimida por las instituciones y las ideologías que les niegan la dignidad, y por las tendencias sexistas convencionales que reflejan el poder y la supremacía del hombre heterosexual. De hecho, muchos de los problemas psicológicos que se observan en algunos homosexuales son mera consecuencia de la exclusión, el estigma, el miedo y el aislamiento a que los condena una sociedad intolerante y hostil.

Pienso que, al final, la sociedad no tendrá más remedio que reconocer que la homosexualidad no implica debilidad de carácter, ni deformación moral, ni desequilibrio mental. Tampoco está reñida con el patriotismo o el honor militar, ni con otras virtudes castrenses como la disciplina, la valentía o la generosidad. Como ocurrió con el soldado negro o la mujer soldado hace unas décadas, el soldado homosexual supone hoy un enorme desafío para la cultura militar, porque cuestiona duramente sus premisas, sus estereotipos, sus prejuicios y sus fobias sociales, y pone a prueba su capacidad de aceptar genuinamente esta realidad.

La humanidad está sujeta a un proceso imparable de desarrollo, de evolución y de progreso. Si miramos hacia atrás y meditamos unos momentos sobre la segregación de las minorías religiosas y raciales, la explotación de los niños o la discriminación de la mujer, una cosa está clara: las modas de la intolerancia y del fanatismo van y vienen, pero a la larga, los cambios justos, sobreviven. Por esta razón, sospecho que la aceptación del soldado homosexual perdurará.

(Febrero de 1993.)

INCESTO: MÁS VERDAD QUE FANTASÍA

Miles de personas, en su mayoría mujeres entre veinte y cuarenta años de edad, han hecho pública recientemente en Estados Unidos una cascada de acusaciones de que fueron víctimas de explotación sexual durante su infancia. En muchos casos, el paso de los años no consiguió borrar los amargos y humillantes recuerdos del incesto al que fueron sometidas. Otras veces, la lectura de un libro o cualquier otra referencia en la prensa o la televisión a un suceso similar, provocó repentinamente el rebrote del viejo trauma, del dolor que ya se había enterrado.

La aceptación pública del fenómeno de la recuperación tardía de la memoria entre los supervivientes de incesto se ha extendido rápidamente en Norteamérica. Como consecuencia, en casi la mitad de los Estados que componen este país, se han aprobado nuevas leyes para modificar los antiguos estatutos de prescripción legal y permitir así que estas víctimas puedan demandar en los tribunales a los culpables de estos abusos sexuales hasta seis años después de evocar los recuerdos. Pero al mismo tiempo, se ha producido un enconado debate. Muchos familiares se sienten acusados injustamente, por lo que intentan a toda costa desacreditar a sus delatores, a quienes tachan de personas inmaduras y sugestionables.

El tumulto que ha suscitado tan ardiente controversia es un reflejo del sufrimiento y la amargura de los afligidos, pero también del tabú, el secreto, el estigma, la suspicacia y la negación colectiva que siempre han rodeado al incesto. No hay que olvidar, además, la genuina aprensión de que personas inocentes puedan ser inculpadas erróneamente por actos que nunca sucedieron.

Entre los expertos existe una clara división en cuanto a la credibilidad de estas evocaciones inculpadoras. Unos señalan que ciertas experiencias traumáticas infantiles pueden ser reprimidas por mucho tiempo, y que los recuerdos de incesto que se hacen conscientes años más tarde evidencian la realidad de la explotación sexual de las criaturas. Los escépticos, sin embargo, apuntan al *síndrome de la memoria falsa*. Estas reminiscencias —alegan— no son más que distorsiones de viejos sentimientos de opresión y rencor, generalmente hacia la figura paterna o de autoridad, los cuales, mediante una alquimia misteriosa, se convierten en recuerdos de abuso sexual.

Desde finales del siglo XIX, el concepto de los recuerdos traumáticos reprimidos ha invadido con fuerza tanto el mundo de la ficción como el de la realidad. En 1896, Sigmund Freud creyó haber encontrado la causa de la histeria —un mal psicológico que se manifiesta en síntomas físicos dramáticos como la parálisis, las convulsiones o la mudez— en las experiencias de seducción sexual durante la infancia, cuyos recuerdos yacían reprimidos en el inconsciente. Sin embargo, poco tiempo después, Freud repudió este origen traumático de la histeria como «el más importante de mis errores iniciales» y concluyó que los relatos de abuso de estos pacientes no eran sino fantasías que ellos mismos habían creado.

La retractación de Freud, según pensamos muchos, obedeció en gran parte a su miedo y preocupación por las enormes implicaciones sociales de su hipótesis original. Concretamente, la histeria era tan frecuente entre las mujeres de la época, que si su teoría era correcta, la conclusión no podía ser otra: «los actos perversos contra los niños» —como él mismo los había definido— eran endémicos, no sólo entre los proletarios de París donde había estudiado por primera vez la histeria, sino también entre las respetables familias burguesas de Viena donde había establecido su consulta. Una idea que aparte de garantizarle el ostracismo total dentro de su profesión, era socialmente aborrecible.

La respuesta humana más normal ante las atrocidades es proscribirlas de la conciencia. Complejos mecanismos psicológicos mantienen la realidad de estas crueldades lejos de nuestras vivencias diarias. La represión y la negación de estos hechos funcionan también a nivel colectivo. El incesto es considerado un acto demasiado repulsivo como para hablar de él en voz alta, pertenece a la categoría de lo indecible, de lo inmencionable.

Cuando uno intenta describir públicamente las atrocidades que conoce o que ha presenciado, parece que está invitando o atrayendo sobre sí al estigma que marca a las víctimas. Llega hasta poner en peligro la propia credibilidad. Si se trata de un accidente o un desastre natural, los testigos se compadecen fácilmente de los afligidos. Pero cuando el suceso traumático obedece a un designio humano, el espectador se siente atrapado en el conflicto entre la víctima y el verdugo, le resulta moralmente imposible permanecer neutral en la situación, se ve forzado a tomar partido.

Aunque algunas denuncias de incesto sean pura fabricación a cargo de personas oportunistas e irresponsables, la explotación sexual de los niños en el ámbito familiar es una realidad que no se puede ignorar. Estos sucesos traumáticos alteran los mecanismos de defensa y de adaptación de la persona, obnubilan la percepción de estar conectado con el mundo circundante y transforman radicalmente el significado de su existencia.

Cuando nos encontramos indefensos ante la violencia o sufrimos amenazas a la integridad física o a la vida, nos invaden sentimientos de angustia y de impotencia, el miedo a la pérdida de control y el terror a la aniquilación. Estos síntomas forman parte de un estado emocional abrumador que en la psiquiatría oficial se ha denominado *trastorno por estrés postraumático*. Después de un traumatismo psicológico el sistema humano de autoconservación se pone en un estado continuo de alerta, como si el peligro estuviera latente y pudiera retornar en cualquier momento, lo que hace que nos asustemos con facilidad, que reaccionemos con irritabilidad a provocaciones sin importancia y que experimentemos dificultad para relajarnos o conciliar el sueño. Y mucho después de pasado el peligro, volvemos a vivir el suceso como si estuviera ocurriendo en el presente. La situación aterradora se entromete en nuestra vida diaria como una obsesión cargada de escenas estremecedoras retrospectivas y altera la normalidad de nuestra existencia.

La experiencia del incesto hace a la víctima cuestionar las relaciones humanas más elementales. Socava su sistema de normas y principios que dan sentido a la vida y destruye la confianza, la autoestima y las premisas fundamentales sobre la estabilidad del mundo y el orden social.

Muchas víctimas se agarran a la esperanza de que los años les traerán la escapada y la libertad. Pero la personalidad que se forma en un medio de coacción no se suele adaptar bien a la vida. Demasiados supervivientes del incesto sufrirán problemas de identidad, de autonomía y de iniciativa. Serán prisioneros de su infancia y siempre que intenten crear una nueva vida volverán a encontrarse con el viejo trauma.

(Enero de 1994.)

El enigma del suicidio

Desde el amanecer de la civilización hasta nuestros días, un interminable hilo conductor de dolor, soledad, desesperanza, autodesprecio y agotamiento une a aquellos hombres y mujeres que, venciendo el instinto primario de conservación, se quitan la vida antes de llegar al fin natural de su existencia.

Aunque el terror a la muerte es universal y nutre la necesidad humana de subsistir, es un hecho que en todas las culturas y pueblos un número relativamente constante de personas se matan intencionadamente. Según la Organización Mundial de la Salud, actualmente mil doscientos hombres y mujeres se suicidan cada día en el mundo, y por cada uno que se inmola veinte lo intentan sin éxito. La frecuencia del suicidio es tan previsible que algunos antropólogos sostienen que la inmolación del ser humano obedece al orden natural, al proceso evolutivo.

A pesar de siglos de reflexión y de los enormes avances que ha experimentado nuestro conocimiento sobre las motivaciones que guían el comportamiento de las personas, todavía es difícil explicar con certeza el suicidio, aunque este acto trágico supremo forma parte de la naturaleza humana tanto como el mismo deseo de vivir que parece negar. La razón más obvia de nuestra ignorancia es que no podemos examinar directamente la mente atormentada de los suicidas consumados. Dependemos exclusivamente de conjeturas retrospectivas de sus vidas pasadas. El suicidio está además rodeado de una espesa nube de tabú y superstición, y muy a menudo se esconde o se disimula, por lo que los datos oficiales no suelen reflejar toda la magnitud del problema.

A lo largo de la historia el significado del suicidio ha variado considerablemente, dependiendo de los valores culturales del momento y, sobre todo, de la interpretación que se le ha dado a la vida y a la muerte. Cuando un antiguo egipcio se suicidaba, la muerte suponía el principio de su inmortalidad dichosa. Si el mismo individuo se hubiese inmolado durante la Grecia clásica o el Imperio romano, su final habría sido celebrado como una demostración de sabiduría. O si como tantos cristianos suicidas de la época se hubiese enfrentado a sus perseguidores paganos, su martirio en el circo habría constituido el billete más rápido a la eterna felicidad. Igualmente, si este hombre hubiera optado por abrirse las entrañas según el rito del haraquiri en el Japón feudal, habría sido alabado como un samuray de honor y de principios.

Por el contrario, si este egipcio del pasado se hubiera autodestruido en una cultura imbuida por el cristianismo, como la Francia del siglo XVII, su cadáver habría sido arrastrado por las calles, colgado cabeza abajo a la vista pública para después ser arrojado a la pila de basura común. Mientras que si el acto final hubiese ocurrido en la Inglaterra de la misma época, le habrían confiscado sus propiedades y después de atravesarle el corazón con una estaca, se le habría enterrado en un cruce de caminos.

En 1897, el sociólogo francés Emile Durkheim pretendió derribar las barreras de indignación moral en torno al suicidio, al considerarlo un suceso cuya incidencia responde al grado de desintegración social. A pesar de esta y otras muchas explicaciones posteriores, aún no sabemos con seguridad por qué el índice de suicidios en Hungría es veinte veces más alto que en México, en Copenhague es el triple que en Nueva York, y en España se ha duplicado en la última década. Tampoco entendemos por qué en Estados Unidos los blancos se suicidan más que los negros, los ricos más que los pobres, o los lunes de primavera son los días más fatídicos. En el fondo, la mayor incógnita es que, bajo las mismas condiciones sociales unas personas se quiten la vida y otras no.

En este sentido, a pesar de que la mitología clásica rebosa de inmolaciones femeninas —Iocasta se ahorcó al descubrir que se había casado con su hijo Edipo, Leukakas se arrojó al mar para evitar que Apolo la violara y Dido se apuñaló ante la pérdida de su amante—, la evidencia estadística global demuestra contundentemente que la incidencia de suicidio entre las mujeres es tres veces menor que entre los hombres. Este hecho quizá se explique por la legendaria misión de la mujer como protectora de la sustentación de la vida, o su profunda antipatía hacia la violencia.

A simple vista, el suicidio parece un desprecio a las leyes de la naturaleza, un insulto supremo a la solidaridad humana, aunque con frecuencia es el recurso más desesperado y patético de la locura. Hoy sabemos que bastantes suicidios se deben a depresiones profundas producidas por alteraciones biológicas cerebrales relacionadas con niveles bajos de ciertas sustancias transmisoras de impulsos nerviosos, como la serotonina. Estos trastornos son reversibles con medicamentos. La tragedia de estos casos es que el doliente no reciba el debido tratamiento curativo.

Para los psicoanalistas, el suicidio es una especie de «autoasesinato», un homicidio invertido en el que el odio dirigido a otra persona es desviado hacia uno mismo. Sigmund Freud consideró en 1913 que «el impulso suicida es siempre un autocastigo por el deseo de matar a otro». Otras fuerzas de autodestrucción incluyen el afán de venganza, la necesidad de escapar de una humillación, el deseo de expiar una culpa, el anhelo de unirse con alguien querido ya muerto, o el ansia de una nueva vida. Para alcanzar estas metas, unos se arrojan desde las alturas, se pegan un tiro, se ahorcan o se envenenan. Otros se inmolan escalando montañas o buscando experiencias peligrosas. También hay quienes simulan accidentes o provocan a alguien para que actúe de verdugo.

Al igual que Demóstenes, Sócrates, Cleopatra, Séneca y otros grandes suicidas de la Historia, en la Norteamérica de hoy y de ayer existe un panteón mítico dedicado a Ernest Hemingway, Marilyn Monroe, Judy Garland, Elvis Presley y Kurt Cobain, todos muertos de sobredosis de drogas y de fama. Todos con sus vidas marcadas casi tanto por su trágico final como por el impacto de su obra. Pero igualmente existen millones de suicidas anónimos que ni las autoridades ni las estadísticas aceptan como tales porque la muerte es emocional y no física. Me refiero a las amas de casa paralizadas en su infelicidad, a los burócratas aburridos, a las parejas en bancarrota afectiva, a los narcisistas ensimismados, a los alcohólicos disimulados, a los adolescentes drogadictos, a las anoréxicas enajenadas, y a quienes viven aletargados sumergidos en el cinismo, la desidia y la rutina.

El suicidio es la muerte más cruel para los que se quedan detrás. A través de los tiempos, una línea imborrable de culpabilidad, pena, traición, desconcierto y desolación ha vinculado a los supervivientes. Al pasar, los suicidas dejan un rastro denso y contagioso de nulidad. Su acto privado de negación conmueve nuestro frágil sentido de la existencia y nos hace sentirnos más indefensos ante la nada. Alguien ha dicho que quienes se quitan la vida no cumplen con las reglas del juego, se van de la fiesta demasiado pronto y dejan al resto de los invitados penosamente incómodos.

En el fondo, los vacíos que dejan los seres cercanos que se mueren definen quiénes somos los que nos quedamos. Con el tiempo, los paisajes de nuestras vidas se llenan de cráteres, como la superficie de la luna; pero el cráter que causa el suicidio es doblemente profundo, es más doloroso aún que la muerte natural de la persona querida. De hecho, son muchos los que no logran superar la inmolación de un allegado. Y aunque paulatinamente sus vidas vuelven a la normalidad, la normalidad es ahora diferente. Pienso que la razón principal es que no encuentran la respuesta al porqué, nunca logran la explicación última de lo ocurrido. Pues la lógica del suicidio es como el argumento indescifrable de una pesadilla: un enigma.

(Junio de 1994.)

98

El precio de la masturbación

Hace unas semanas el presidente Bill Clinton exigió la dimisión a la doctora Joycelyn Elders del cargo de *Surgeon General,* la máxima autoridad responsable de la Salud Pública de Estados Unidos. ¿El motivo?: una conferencia en la ONU, donde esta prestigiosa pediatra manifestó abiertamente que se debería incluir la masturbación entre los temas de educación sexual de la juventud.

Para muchos seguidores de Clinton la decisión de destituir a Elders ha sido inesperada y desconcertante. Después de todo, en las últimas elecciones repudiaron a George Bush, un líder autoritario, impulsivo y anticuado, saturado de principios morales estrictos y absolutos, y optaron por Clinton, un jefe de talante más moderno, prudente, comprensivo y tolerante.

A los estudiantes de la sexualidad, sin embargo, no les ha sorprendido el costo que la doctora Elders ha pagado por hablar en voz alta de la masturbación. No existe ningún otro acto sexual que tenga peor imagen —entre sucia, repugnante y vergonzosa— y del que se hable menos, a pesar de ser practicado asiduamente por la gran mayoría de hombres y mujeres, tanto jóvenes como mayores.

El inconsciente colectivo parece incapaz de sacudirse de la larga y agobiante historia de las proscripciones contra el «autoerotismo». Desde el libro del Génesis se nos alecciona ya sobre el pecado de Onán a quien el Creador condenó a morir por «desperdiciar su semilla en suelo infértil». Esta falta de función reproductora es la razón por la que el onanismo ha sido severamente castigado por las religiones cristianas y otras creencias. No obstante, hay que reconocer que el fanatismo contra la masturbación ha sido impulsado, sobre todo, por los médicos.

Desde Galeno hasta hace relativamente poco tiempo se creía que la buena salud física y mental requería el perfecto equilibrio de los fluidos del cuerpo, incluyendo los líquidos sexuales. De manera que si los hombres eyaculaban con demasiada frecuencia o las mujeres malgastaban las secreciones vaginales que se producen durante la excitación sexual, se enfermaban. El famoso médico suizo S. Tissot, en 1741, en su tratado médico señaló que la tuberculosis y otras enfermedades que consumían el cuerpo eran consecuencias del «placer solitario». En el siglo XIX, los libros de medicina advertían con rigor que este «vicio» no sólo era inmoral, sino también perjudicial para la salud. Según opinión médica muy generalizada, el onanismo causaba ceguera, epilepsia, pérdida de memoria, degeneración del cerebelo, «ablandamiento» de la medula y otras enfermedades incurables del sistema nervioso.

En otros textos también se instruía a los padres sobre los signos externos de los hijos masturbadores: aspecto demacrado, espaldas débiles, acné, calvicie, timidez, manos húmedas, orinarse en la cama o morderse las uñas. Para curar el «autoabuso» los expertos incluso sugerían que se vendaran los genitales o se protegieran con una envoltura metálica, que se ataran las manos del joven, o hasta la circuncisión sin anestésico. Para las niñas una cura recomendada consistía en quemarles el clítoris con ácido fénico.

Sigmund Freud y sus seguidores alimentaron la misma imagen patológica y siniestra de la masturbación, al considerarla una acción perniciosa, adictiva y causante de dolencias mentales y trastornos sexuales como la impotencia, la frigidez y la aversión al coito. En 1928, Freud escribió: «no conocemos ningún caso de neurosis grave en el que la satisfacción masturbatoria no haya desempeñado su papel». Según estos psicoanalistas la masturbación constituía una actividad particularmente dañina para la mujer, pues era incompatible con el desarrollo de las cualidades femeninas.

Hoy día aún sufrimos la confusión generada por la cruel herencia, tan ignorante como engañosa, que continúa marcando la masturbación con un indeleble estigma social. Aunque cada vez hay más hombres y mujeres que consideran que este acto ni es nocivo ni es un vicio, muchos todavía sienten que, de alguna manera imprecisa, es enfermizo. Entre bastantes adultos, la masturbación tiene un viso de inmadurez, un tono de fracaso social, implica incapacidad para relacionarse o para conseguir compañía sexual. Otros rechazan sus matices egoístas. Es verdad que en el mundo del onanismo no hay que preocuparse de satisfacer al compañero. El objetivo central es el placer personal.

A pesar de estas connotaciones conflictivas, los estudios más recientes y definitivos demuestran que la masturbación es muy común. En Estados Unidos, por ejemplo, el 90 por 100 de los adolescentes varones y el 70 por 100 de las jóvenes, entre quince y dieciocho años de edad, se masturban por lo menos una vez al año, mientras que el 60 por 100 de los hombres y el 40 por 100 de las mujeres entre dieciocho y sesenta años lo hacen periódicamente. Hoy también sabemos que este acto no es un remedio para quienes se sienten solos o privados sexualmente, sino más bien una actividad que acompaña a otros comportamientos sexuales. De hecho, las personas que tienen más relaciones sexuales son las que más se masturban. Las mujeres suelen empezar a masturbarse más tardíamente que los hombres. A menudo, después de iniciar las relaciones sexuales.

Estas investigaciones también demuestran que casi el 50 por 100 de las personas que se masturban tienden a sentirse culpables. Aunque la culpabilidad no cambia la conducta futura, esta información es una muestra palpable de que la condena social de este acto afecta incluso a quienes lo practican.

Como tantas otras personas, yo pienso que el sexo es una cuestión de y para adultos que lo deciden y consienten libremente, y lo disfrutan a puertas cerradas. Sin embargo, incluir el tema de la masturbación en la educación sobre sexualidad y salud de la juventud es apropiado cuando se evidencia que ciertos comportamientos sexuales ponen en peligro la salud pública. Creo que ya es hora de sacar esta práctica inocua del armario de los prejuicios arcaicos y dañinos. No deja de ser una ironía que cada día sean menos los adolescentes que se abstienen de mantener relaciones sexuales, mientras que hay más líderes que se abstienen de considerar la educación sexual. Cuanto más abiertamente se hable de la masturbación, más temores absurdos se podrán disipar entre los jóvenes y adultos que todavía temen convertirse en «neuróticos degenerados», y más nos aproximaremos al día en que su legión de practicantes deje de sentir aprensión o culpa.

Mark Twain sugirió en una ocasión que el onanismo como placer es demasiado fugaz; como ocupación, demasiado agotadora, y como espectáculo, demasiado aburrido. Es posible que estos reparos contengan todavía una cierta actualidad, pero, desde luego, no se pueden comparar con la ruina que el sexo descontrolado causa en miles de adolescentes embarazadas, con la tragedia de tantos niños indeseados o con el drama del sida.

(Enero de 1995.)

PORNOGRAFÍA Y SALUD PÚBLICA

En medio de una fuerte polémica, el Tribunal Supremo de Estados Unidos aceptó examinar, hace unos días, la constitucionalidad de una propuesta de ley ante el Congreso, que intenta restringir el libre acceso a programas pornográficos transmitidos por televisión, por correo electrónico y por redes de información, como el *Internet*. Los legisladores argumentan que la pornografía constituye un peligro para la salud pública —como lo es el tabaco o la contaminación del agua—, y proponen interceptar las imágenes o mensajes obscenos, de forma que sólo los adultos que lo soliciten por escrito puedan contemplarlos. Igualmente, un fiscal federal en Munich acaba de exigir a la red internacional Compuserve Incorporated que bloquee el acceso a más de doscientos programas sexuales por considerar que violan las leyes alemanas de la pornografía.

La vieja costumbre de exhibir o representar públicamente actos eróticos siempre ha venido acompañada de un intento paralelo por prohibirlos. Esta paradoja quizá explique el que desde tiempo inmemorial la pornografía haya contado con un lugar preferente entre los retos más controvertidos de la democracia. Tradicionalmente, el impulso en pro de su liberalización proviene de quienes piensan que es una más de las formas de expresión, es igualmente inofensiva, y su objetivo es el entretenimiento, por todo lo cual no se debe proscribir. Los del bando contrario replican que es inmoral, socava los principios sociales, y debe ser censurada.

Ciertos grupos feministas insisten por su parte en que la pornografía es pura propaganda antimujer, constituye un invento masculino diseñado para deshumanizar y someter a las mujeres, o forzarlas a realizar actos degradantes. Para estos colectivos, los vídeos pornográficos no son más que documentales de violaciones reales. Otros sectores feministas, sin embargo, opinan que esta industria beneficia a las mujeres, tanto personal como políticamente, porque les ofrece la posibilidad de expresar abiertamente su sexualidad, sin cortapisas, excusas o culpa.

En cualquier debate sobre la pornografía la primera disputa que se plantea es su propia definición. Escenas que para unos son ofensivas al pudor, degeneradas o enfermas, para otros son anodinas, normales o hasta saludables. Por otra parte, la frontera entre el mundo de la pornografía —literalmente, la representación gráfica de la vida de las prostitutas con el propósito de excitar sexualmente al consumidor— y el mundo del arte, que encarna el sello de la creatividad, es algo muy subjetivo, por no decir caprichoso. Obras consideradas indecentes en un momento dado son aceptadas como artísticas en otro. Sin ir más lejos, en 1894 el Tribunal Supremo del Estado de Nueva York censuró como literatura pornográfica *Las mil y una noches, El arte de amar* de Ovidio, *El Decamerón* de Boccaccio, *Gargantúa y Pantagruel, Tom Jones*, las *Confesiones* de Rousseau, *Fanny Hill* e incluso algunos pasajes de las *Sagradas Escrituras*.

La retórica que rodea al significado del término pornografía me recuerda una escena del cuento de Lewis Carroll, *Alicia a través del espejo:*

«—Cuando yo empleo una palabra —insistió Tentetieso en tono desdeñoso— significa lo que yo quiero que signifique, ¡ni más ni menos!

»—La cuestión está en saber —objetó Alicia— si usted puede conseguir que las palabras signifiquen tantas cosas diferentes.

»—La cuestión está en saber —declaró Tentetieso— quién manda aquí... ¡si las palabras o yo!»

En cualquier caso, es evidente que aunque no nos pongamos de acuerdo a la hora de definirla, la gran mayoría reconoce la pornografía en cuanto la ve.

Hoy sabemos que los espectáculos pornográficos son nocivos para los niños, sobre todo durante el llamado período de latencia sexual, de los cuatro a los doce años. Aparte del daño emocional que les causa presenciar situaciones de explotación, los pequeños se perturban porque no comprenden estos actos sexuales provocativos, y se abruman al no poder explicar sus confusas reacciones ante estímulos tan desconcertantes. En cuanto a los adultos, no se ha demostrado que exista relación alguna entre programas eróticos «blandos» y la incidencia de trastornos mentales o de violencia sexual. Pero diversas investigaciones indican que la contemplación de pornografía con un elevado contenido de violencia sadomasoquista —por ejemplo, películas que representan la violación como algo placentero o que sugieren que la víctima disfruta del ataque— estimula, a corto plazo, conductas agresivas hacia la mujer entre algunos hombres ya predispuestos a ellas.

En mi opinión, los eventuales peligros de la pornografía no inciden tanto en la salud pública —según aducen los legisladores estadounidenses— como en las creencias, los acuerdos y las pautas de conducta que configuran el entramado cultural y guían nuestra convivencia. Ciertos estereotipos, ritos y lenguajes pornográficos «duros» vulneran ese pacto implícito de lo privado y lo público, equiparan sexo y dominio, niegan el valor comunicativo de las relaciones sexuales, ignoran el amor romántico, y fomentan alucinaciones de un ideal mecanicista de sexualidad humana irreal e inalcanzable. Un problema a la hora de estudiar los efectos de la pornografía es que a menudo la revestimos con la pátina elegante de la libertad de expresión, de la educación sexual y de otros argumentos políticamente correctos. Este barniz no nos deja ver con claridad la distinción entre una inocua e incluso sana diversión erótica y la deliberada desvalorización de la persona a través de imágenes distorsionadas de sexo y violencia.

El lucrativo negocio de la pornografía —que en Norteamérica genera unos cuatro mil millones de dólares al año— se nutre del capital que supone la mezcla fascinante de miedo y placer que produce en nosotros la transgresión de tabúes sexuales. Muchas escenas lascivas simbolizan la rebelión contra las costumbres, la ruptura de principios, la hostilidad hacia las instituciones, hacia las leyes, los padres, las mujeres y los hombres.

Casi todos albergamos nuestro pabellón privado repleto de fantasías concupiscentes, impulsos primitivos y deseos excitantes. La puesta en escena de estos sueños secretos revela inevitablemente su lado oscuro y peligroso, lo que nos empuja a reglamentarlos. Los criterios que rigen el acto sexual no pueden ser entendidos simplemente como consecuencia del patriarcado, de la moralidad burguesa o del sexismo. En gran medida, son un reflejo de nuestra propia policía interna, de lo que los psicoanalistas llaman superyo. La sexualidad constituye una de las facetas más reguladas de nuestras vidas. El sexo paradisíaco —sin confines, ni temores, ni vergüenza— es un mito, una ficción, una de esas «mentiras vitales» que nos contamos a nosotros mismos y a los demás para alegrar nuestra existencia. Ninguna persona, sea un soltero promiscuo, una casada feliz, un degenerado perverso o una casta novicia, es sexualmente libre. En el fondo, la libertad sexual es una más de las tantas contradicciones de la condición humana. Lo cual explica esa ancestral ambivalencia hacia la pornografía, tan íntima, tan personal y tan de todos.

(Enero de 1996.)

IV
LA FAMILIA DE HOY

La familia no se rompe en un huracán como le sucede al roble o al pino, sino que se dobla ante el viento para enderezarse de nuevo, como un árbol de bambú en los cuentos orientales.

PAUL BOHANNAN, *Familias felices*, 1985

EL TÚNEL DEL DIVORCIO

La tasa de divorcios no deja de crecer en el mundo occidental, como muestran, por ejemplo, los catorce millones y medio de divorciados que hay en Estados Unidos, un 40 por 100 más que hace diez años. Si esta tendencia continúa, se calcula que uno de cada dos matrimonios contraídos desde 1970 en Norteamérica terminará en divorcio.

Aparte de sus implicaciones sociales, la decisión de separarse es un proceso personal extremadamente doloroso. Precisamente los expertos en salud pública utilizan el índice de divorcios de un país para planificar los servicios, pues, comparadas con la población general, las personas en trance de divorcio sufren más de depresión, de alcoholismo, de fobias, de hipertensión y de úlcera de estómago. Un estudio reciente sobre el uso de tranquilizantes ha demostrado que los nuevos divorciados consumen más antidepresivos, píldoras para dormir y fármacos para aliviar la ansiedad que cualquier otro grupo de población.

El aumento del número de divorcios está estrechamente relacionado con cambios socioeconómicos y culturales, tales como la revolución industrial, la liberación del control religioso sobre el matrimonio y la mayor autonomía de la mujer. Además, la familia nuclear, compuesta sólo por los cónyuges y pocos hijos, al convertirse en el centro de la organización social, ha impuesto grandes expectativas y exigencias sobre la pareja. Los sociólogos añaden que el énfasis que ciertos sistemas culturales ponen en la búsqueda

109

de la felicidad contribuye también al elevado índice de divorcios de muchas sociedades.

Pese al profundo impacto de la ruptura matrimonial sobre el individuo, se ha escrito relativamente poco sobre esta amarga experiencia. Pienso que el silencio quizá arranque del deseo de olvidarla de quienes la han vivido, o del miedo a verse a sus puertas de los que aún no han atravesado el túnel del divorcio. El dolor de la separación es tan fuerte porque, como ha escrito Erich Fromm, el aislamiento de los demás es la fuente principal de angustia en las personas. Varios estudios científicos recientes demuestran que de las numerosas situaciones de crisis o sucesos traumáticos de la vida, el divorcio ocupa el segundo lugar entre las causas de mayor sufrimiento. Sólo la muerte del cónyuge en un matrimonio feliz le supera en tormento y en estrés.

En nuestra civilización la mayoría de las personas se casan y la mayor parte considera el matrimonio como algo esencial para lograr la felicidad. Sin embargo, no es frecuente que las parejas decidan terminar su relación sólo porque quieran ser más felices. Aunque el amor es la razón primordial para casarse, por lo general no se acepta que la falta de amor sea motivo suficiente para divorciarse. De hecho, hasta hace unos años, para lograr el divorcio era necesario que un cónyuge demandara al otro ante el juez por incumplimiento grave de las obligaciones maritales, por adulterio, por malos tratos o por abandono del hogar. Hoy ya se aceptan razones más sutiles y civilizadas, como la incompatibilidad de caracteres. No obstante, aunque cambien las leyes del divorcio, las causas reales por las que las parejas se divorcian siguen siendo las mismas. Lo que ocurre es que se alegan motivos que se ajustan a las leyes vigentes.

No existen divorcios amistosos, aunque hay parejas que en trance de separación abrigan la ilusión de mantener viva la amistad. Los amigos y familiares suelen alentar esta tendencia, pues con la mejor intención aconsejan que la ruptura sea pacífica y amigable. Tampoco existen divorcios sorpresa. Por el contrario, se dan menos rupturas inesperadas que muertes repentinas. El divorcio suele ser el resultado de una batalla larga y penosa en la que el miedo, la culpabilidad y el odio se convierten en parte integrante de la vida diaria de la pareja. Ambos cónyuges salen heridos de esta lucha, con la moral consumida y la autoestima dañada, y finalmente se sienten decepcionados y estafados, no sólo por el compañero, sino por el mundo entero, y por la vida.

Quizá las que más suerte tienen son esas parejas sin hijos ni propiedades, que, aburridas, faltas de aire y anémicas, se desvanecen poco a poco como fotos olvidadas al sol. Mucho más desafortunados son quienes, abrumados y confundidos, se hunden en el revanchismo y cometen actos de cruel violencia el uno contra el otro, para espantarse después de lo que han hecho. Nunca se imaginaron que serían capaces de tales extremos.

La mayoría de los matrimonios que se divorcian tienen hijos. En Estados Unidos, por ejemplo, hay actualmente unos ocho millones de niños que viven con uno de sus padres divorciados, generalmente con la madre. Aunque los verdaderos protagonistas de la separación sean los padres, los hijos, al ser los testigos más cercanos, también sienten intensamente la ruptura. No obstante, los estudios al respecto indican que, si bien los hijos sufren un trauma, la causa del daño no es tanto el divorcio en sí como las circunstancias que lo precedieron, las vicisitudes que lo acompañaron y los problemas y conflictos que luego sucedieron.

Es cierto que los hijos de padres divorciados tienen que enfrentarse con más problemas que los hijos de padres felices y de hogares intactos. Pero esta comparación no viene al caso. La cuestión es si un matrimonio mal avenido hace más o menos daño a los hijos permaneciendo unidos o separándose. En este sentido, la creencia de que los matrimonios infelices debían de continuar casados por el bien de los hijos ha dado paso a la noción más actual de que la separación, que permite hacer más felices a los padres, también beneficia a los hijos.

No pasa un día sin que se cierren miles de puertas tras hombres y mujeres que deciden divorciarse. Son nuevos emigrantes con maletas repletas de ilusiones, añoranzas y despojos, que atraviesan este túnel para encontrarse en un país extraño. Muchos llegan rebosantes de esperanza, otros, como exiliados forzosos, pero todos pasan de un mundo que, aunque malo, conocen a otro desconocido. La mayoría, sin embargo, verá la luz al final de este túnel. En su mayor parte los divorciados se recuperan y con el tiempo afirman que la decisión fue acertada. Muchos incluso sueñan con volver a la tierra del matrimonio, de la que escaparon o fueron expulsados. De hecho, la gran mayoría de las personas que se divorcian vuelven a casarse.

Sospecho que el divorcio, lejos de representar un veneno para la institución del matrimonio, es más bien el remedio del matrimonio enfermo incurable. Constituye la única vía para que quienes son desgraciados con sus parejas puedan encontrar algún día una relación dichosa.

Es cierto que la ruptura matrimonial tiene muchos de los elementos de una tragedia, pero el sufrimiento que acarrea es un signo de supervivencia, de autorrealización y de crecimiento vital. En el fondo, el túnel del divorcio significa un desafío a la desesperanza, a la apatía y al pesimismo humanos.

(Diciembre de 1990.)

NUEVOS HOGARES

Nunca hemos vivido tanto ni tan saludablemente como ahora. En ningún otro momento de la historia hemos ejercitado tan libremente la capacidad de elegir sobre la sexualidad, el matrimonio, la cohabitación, el divorcio, así como sobre la procreación, la división del trabajo y, en definitiva, sobre la naturaleza y configuración de nuestras relaciones personales. La eterna nostalgia humana de un pasado mejor, de un antaño idealizado, nos hace olvidar con frecuencia estos avances, pero muy pocos estaríamos dispuestos a eliminarlos, a prescindir de ellos.

Las relaciones humanas han evolucionado según las necesidades de las personas y los cambios en las normas sociales y en los valores culturales. La institución de la familia en particular ha ido transfiriendo poco a poco sus funciones universales a otros organismos especializados que ha creado la sociedad. Por ejemplo, la productividad y la economía fueron absorbidas por el mundo de la industria y del trabajo, la educación fue traspasada a las instituciones escolares, y lo mismo ocurrió con las actividades de recreo, dominadas hoy por el imperio del entretenimiento y del espectáculo.

La tradicional familia *extensa,* constituida por padres, hijos, abuelos, tíos y sobrinos, es cada día menos frecuente. Como contraste, la familia *nuclear,* autónoma, migratoria y reducida, compuesta solamente de padres y pocos hijos, es sin duda un modelo más común. Entre las nuevas relaciones en auge se incluyen los segundos matrimonios de divorciados, los matrimonios sin hijos, las parejas que habitan juntas sin casarse, unas con hijos y otras sin

113

ellos, y los hogares de un solo padre, generalmente la madre, bien sea separada, divorciada, viuda o soltera. Finalmente, en las grandes ciudades no son raros los emparejamientos homosexuales, algunos hasta con niños adoptados. Precisamente, jueces y tribunales están cada vez más inclinados a reconocer la legalidad de estos nuevos hogares que se apartan del modelo de familia tradicional, en base a la dedicación, compromiso y apoyo mutuo y estable que comparten sus miembros.

Una de las fuerzas que más decididamente ha moldeado las relaciones en las últimas décadas ha sido la prolongación espectacular de la supervivencia. En el pasado las personas solían formar un solo hogar permanente a lo largo de la vida, pero la mayor longevidad de hoy permite experimentar consecutivamente varias relaciones duraderas importantes, de forma que si una relación fracasa, da tiempo a concluirla y a probar de nuevo. Igualmente influyentes han sido la creciente urbanización de la población y la alta valoración que hoy se asigna a la calidad de vida, a la economía del consumo y a la igualdad entre los sexos. Estos cambios han supuesto para el individuo más libertad, más opciones, mayor tolerancia hacia la diversidad y un incentivo para buscar la felicidad fuera de los patrones tradicionales de relación.

La ecología o el entorno psicosocial de nuestro tiempo ha influenciado profundamente al hombre y a la mujer. Les ha impulsado a replantear sus papeles, a revisar sus expectativas y, en definitiva, a transformar sus relaciones. Para la mujer, el empuje feminista y la disponibilidad de métodos de control de natalidad seguros y efectivos, han sido acontecimientos de mucho peso. Permitieron su liberación sexual, una mayor igualdad con el hombre y la relativa devaluación de la maternidad como ingrediente indispensable para su realización. Al mismo tiempo, la transfiguración de la mujer ha producido irremediablemente un cambio de ajuste en el varón y le ha instigado a deshacerse de una imagen dura que se ha vuelto anticuada e insoportable, y a transfigurarse en un ser más abierto, vulnerable y casero.

En realidad, los nuevos modelos de relación de pareja están basados en expectativas de igualdad un tanto idealizadas, y contienen aspiraciones feministas y una dosis importante de la nueva sensibilidad masculina. Como consecuencia, a la pareja de hoy se le exige no sólo ser mejores amigos, compañeros íntimos y cónyuges sexuales, sino la realización profesional o laboral de los dos fuera del hogar y la participación activa de ambos en el cuidado y educación de los hijos.

Este concepto de relación igualitaria implica unas exigencias casi míticas. Sin embargo, es la unión a la que aspiran cada vez más hombres y mujeres. Y aunque no son pocos los que señalan con preocupación las numerosas separaciones y divorcios que se están produciendo, para mí lo sorprendente de las nuevas relaciones no es que fracasen a menudo, sino la cantidad de ocasiones en las que logran florecer. Su mérito es especial cuando se tiene en cuenta la falta de sincronización que existe entre la rápida proliferación de estos arreglos poco convencionales y la lentitud con la que la sociedad está modificando sus actitudes hacia ellos y las necesarias políticas sociales y económicas.

A pesar de la gran libertad y de las múltiples alternativas que ofrece la sociedad actual, la gran mayoría de las personas considera el hogar la fuente primordial de su felicidad. La razón es evidente: el vertiginoso ritmo de la vida urbana estimula una gran necesidad de compañía, de amistad y de apoyo emocional. Parece que cuanto más impersonal, más compleja y conflictiva es la existencia, más agudo es nuestro anhelo de intimidad. Es como si la «alta tecnología» de la ciudad generase una necesidad de «alto contacto humano».

Con todo, el progresivo declive del modelo de familia tradicional y el simultáneo crecimiento de los nuevos hogares, ha conmocionado a ciertos sectores de la sociedad y ha configurado un campo de batalla donde prolifera un ruidoso debate. En un lado se alinean los grupos conservadores que defienden el matrimonio legal o religioso y la familia tradicional como los únicos modelos admisibles de hogar. Estos sectores condenan con nerviosismo y fervor moral las nuevas uniones y, en sus esfuerzos por desprestigiarlas, las asocian con los abrumadores problemas socioeconómicos de nuestros días —drogas, delincuencia, violencia—, falseando la evaluación real de estos fenómenos. En el lado opuesto, los grupos liberales celebran las nuevas relaciones por ser más libres y realistas para tantas personas que persiguen la felicidad al margen de un modelo de familia ya anacrónico.

No cabe duda de que los nuevos hogares, con sus heterogéneas estructuras y diversos funcionamientos, desafían la validez de los principios psicodinámicos *edípicos* que han guiado nuestro conocimiento del ser humano durante décadas. Nos retan además a formular otras pautas explicativas de la naturaleza psicosocial humana. Estos pilares teóricos, construidos por Sigmund Freud a principios de siglo y hoy profundamente arraigados en el mundo occidental, están cimentados en el modelo tradicional de familia biológica intacta, compuesta de padres e hijos, y en la relación triangular de rivalidad, celos, hostilidad y amor intenso que supuestamente brota en la infancia entre el hijo o la hija y el padre y la madre, y que desemboca en la identificación del niño con el padre y la niña con la madre.

Es obvio que la familia tradicional está evolucionando y dejando atrás su identidad de institución social primaria y universal. Al mismo tiempo, está siendo sustituida por un concepto más flexible y multiforme de nuevas relaciones entre personas, cuya meta esencial es la búsqueda compartida de la calidad de vida y de la felicidad. Sin duda, las posibilidades de realización son mayores cuando el individuo, de acuerdo con sus deseos y circunstancias, elige libremente su propio tipo de relación y no se siente forzado a encasillarse dentro de un molde rígido de convivencia. Pienso que cada día es más importante poder concebir nuestras relaciones personales como una elección deliberada entre una amplia gama de opciones válidas y legítimas de trato en la intimidad del hogar.

(Abril de 1992.)

116

HAMBRE DE PADRE

Desde tiempo inmemorial la relación entre padre e hijo se ha caracterizado por estar cargada de sentimientos opuestos, de cariño y de rivalidad, de confianza y de miedo, de amor y de odio. Estas emociones contradictorias son la causa del alejamiento y de la nostalgia que suele existir entre progenitores y descendientes varones, y, en particular, del *hambre de padre* que sufrimos los hombres de hoy.

La figura paterna tiene cualidades legendarias. Los padres mitológicos vivían en los cielos o en las cimas de los montes, y dominaban a sus descendientes y afines desde las alturas y la distancia. A pesar de su omnipotencia, las deidades supremas sabían que su ineludible destino era ser derrocadas por un hijo. Esta fatídica suerte explica la suspicacia, la hostilidad y la ambivalencia habituales que los dioses padres sentían hacia sus hijos varones. El mito de Zeus, la tragedia de Edipo, el drama de Hamlet o la carta frenética de Kafka a su padre, nos ilustran metafóricamente sobre los misterios de la relación entre el padre y el hijo de nuestros tiempos.

En el campo de la psicología y la sociología, el padre ha sido desde siempre un actor impalpable, impreciso, una figura oscura, que cuando aparece en el escenario del hogar lo suele hacer entre bastidores, en un segundo plano de la saga familiar. En realidad, el primer desafío que se plantea un padre es elegir su identidad dentro del ámbito de la familia.

Hay padres que escogen el papel del hombre primitivo cazador, que necesita estar totalmente libre de las responsabilidades de la crianza de los hijos para poder proveer y defender a la madre y a la prole. Otros representan el personaje de rey mago que, estando siempre fuera de casa, nunca retorna al hogar sin traer regalos para todos. Ciertos padres adoptan el modelo del amigo, del compañero, y no tienen una presencia real hasta que el hijo no es lo suficientemente mayor como para hablar con conocimiento de deportes o de mujeres. Otros desempeñan la misión de autoridad moral suprema, de juez que dictamina lo que está bien y lo que está mal, carácter que confirma la madre abrumada que, al caer la tarde, advierte a sus hijos traviesos: «cuando llegue vuestro padre, os vais a enterar».

Lo curioso es que estas imágenes paternas no son únicas porque, en el fondo, todos los padres se parecen. Todos son grandes de tamaño. Todos presumen ante el hijo de alguna virtud masculina. Todos imponen una tradición de mandamientos, de ritos y de prioridades. Todos se distinguen por sus conversaciones breves y entrecortadas en las que no se dice nada —porque los hombres casi nunca se dicen nada, especialmente cuando se quieren decir muchas cosas—. Todos, en fin, son, sin saberlo, el objeto de una obsesión conflictiva e irresistible en el hijo que a menudo dura toda la vida.

Para los niños pequeños, las primeras señales de aprobación, de reconocimiento y de afecto que les transmite el padre —a menudo meramente con su presencia— son vitales, porque constituyen su fuente más importante de seguridad, de autoestima y de identificación masculina. Pero entre estas tempranas escenas idílicas repletas de apego, de devoción y de orgullo, inevitablemente se entrometen las sombras ancestrales, inconscientes e inexplicables, de celos, de competitividad y de temor. Estas emociones edípicas entre padre e hijo fueron consideradas por Sigmund Freud uno de los pilares centrales de la teoría del psicoanálisis.

Al amanecer de la edad adulta, el hijo busca la *bendición paterna,* un gesto de potestad simbólico que confirme su madurez, que apruebe su independencia y que celebre su investidura de las prerrogativas y derechos que implica la llegada al final del camino tortuoso de la adolescencia. Momento dramático en el que como el eco del grito legendario «¡el rey ha muerto! ¡viva el rey!», el joven varón llora la pérdida del padre idealizado mientras que a la vez se libera con fuerza hacia un futuro apasionante, esperanzador y aventurado.

En la vida cotidiana el padre es el eslabón débil de la cadena afectiva que enlaza a los miembros del clan familiar. A lo largo de la historia del hogar los padres han brillado, sobre todo, por su ausencia. Cada día hay más niños que son criados solamente por la madre. En Estados Unidos, por ejemplo, el 24 por 100 de los niños menores de dieciocho años viven sólo con la madre. Por otra parte, en hogares donde el padre está presente, este pasa con los hijos un tercio del tiempo que la madre.

Existen diversas razones de ausencia tangible del padre: la muerte, la deserción del hogar, la paternidad ilegítima, la separación o el divorcio. La desaparición del progenitor es siempre traumática para el hijo. Mientras que la muerte del padre se considera casi siempre natural o irremediable e inflige dolorosos sentimientos de duelo, de pérdida y de tristeza, la ausencia paterna por otras causas produce confusión, angustia, culpa, rabia, y emociones profundas de rechazo o de abandono. En todo caso, ante el hijo sin padre se alza un mundo sobrecogedor colmado de retos insuperables, como el monstruo de los cuentos. Lo peor es que parece que sólo él, ese padre ausente, puede ayudarle a vencer a ese monstruo.

Incluso entre las familias intactas y bien avenidas son demasiados los padres que, como cumpliendo con alguna oscura ley de vida, se ausentan antes de que los hijos hayan podido hacer las paces, reconciliarse con ellos. Para estos hijos, la memoria del padre siempre es un momento de vacío, de soledad, de añoranza y de silencio. El recuerdo forma un enorme agujero en el que se busca intensamente a alguien que por no estar presente, está presente. Mientras que el hijo que también es padre no puede remediar tornar hacia sus propios hijos y sentir a regañadientes que, un día, él también se convertirá en una ausencia para ellos.

Los hijos, más que las hijas, necesitan al padre para formar su *yo,* para consolidar su identidad, para desarrollar sus ideales, sus aspiraciones, y para modular la intensidad de sus instintos y de sus impulsos agresivos. De hecho, muchos de los males psicológicos y sociales que en estos tiempos afligen a tantos jóvenes —la desmoralización, la desidia, la desesperanza hacia el futuro o la violencia nihilista—, tienen un denominador común: la escasez de padre.

No cabe duda de que hoy gran parte de los hombres padecen de *hambre de padre,* aunque, afortunadamente, según dan a entender estudios recientes, la cultura de Occidente está vislumbrando el amanecer de una nueva era. Una era mejor en la que la relación entre padre e hijo será más estrecha, entrañable, armoniosa y saludable. La razón es que la trama hegemónica masculina se ha visto entretejida por la metamorfosis liberadora de la mujer, la cual está instigando al hombre a cambiar su identidad de padre. Y mientras las madres se liberan de las ataduras culturales esclavizantes del pasado, los padres se deshacen poco a poco de una imagen severa, distante y trasnochada, y se transfiguran en seres más expresivos, afectuosos, vulnerables y, en definitiva, más humanos.

(Junio de 1993.)

LA EROSIÓN DEL AMOR EN LA PAREJA

El amor es un estado de ánimo fundamental para la existencia humana. Lo necesitamos para sobrevivir, lo perseguimos por placer, lo buscamos para darle sentido a nuestra vida diaria. El amor implica imaginación e idealización. Cuando nos enamoramos nos encontramos en otro mundo, absortos por la fiebre de la pasión, inconscientes de nuestro entorno. Los enamorados se sienten abrumados por esa cascada incontrolable de emociones paroxísmicas de euforia y embelesamiento. Pero también experimentan miedo de no ser correspondidos, ansiedad y tormento. Porque como tantos han dicho, en ningún otro momento nos encontramos tan vulnerables e indefensos contra el sufrimiento como cuando estamos enamorados.

Durante décadas se consideró una tarea frívola estudiar la naturaleza del amor, su fisiología corporal. En los últimos años, sin embargo, se ha despertado un extraordinario interés científico en esta emoción. Cada día más expertos están convencidos de que el amor es un sentimiento primitivo, plasmado en los genes humanos, que posee un sustrato esencialmente bioquímico que se activa en el cerebro.

El amor es instinto y pasión, pero también es un arte que requiere conocimiento y esfuerzo. Aunque se nace con la capacidad de amar, la disposición hacia el amor se adquiere, se aprende y se desarrolla con el ejemplo de otros y con la práctica. Los enamorados de hoy aspiran a una relación imbuida de amistad, de intensidad sexual y de otras cualidades saludables que incluyen la participación de la mujer en el mundo laboral, y la colaboración activa y cariñosa del hombre en la educación de los hijos. Estas parejas señalan que el amor está reñido con la pereza y la apatía, insisten en que cada día hay que «trabajar» en la relación. Más importante aún, sostienen que para preservar un emparejamiento feliz es necesaria la presencia de un amplio abanico de virtudes: honestidad, generosidad, tolerancia, entusiasmo y fuerza de voluntad. Como el psicólogo Erich Fromm apuntó, el amor es una actividad interna que implica la preocupación continua por el bienestar de la persona amada, la responsabilidad por sus necesidades y el respeto a su individualidad.

La unión de amor entre dos personas está siempre en proceso dinámico de cambio y, a través del tiempo, evoluciona y adopta formas diferentes. Inicialmente la pasión romántica se impregna de la incertidumbre de la persecución amorosa. Para muchos enamorados, la satisfacción de la conquista final no se puede comparar con la profunda exaltación y el frenesí que acompañaron a la seducción de la persona deseada. Quienes buscan el amor a menudo suspiran por la seguridad y la paz que dan la reciprocidad y la lealtad, pero, al mismo tiempo, también ansían la aventura y la emoción de la conquista. Estas aspiraciones contradictorias configuran el matiz complejo e inquietante del amor de pareja. En su fuero interno, los enamorados exigen amar y ser amados, y persiguen la intimidad más estrecha, la pasión más romántica, la aceptación total y el apoyo mutuo, continuo e incondicional.

Pero la fase pasional del amor es inevitablemente frágil y pasajera. La emoción intensa de los primeros momentos da paso, en el mejor de los casos, a la serenidad del compromiso mutuo, a la seguridad del pacto, y en muchos casos a la responsabilidad de la procreación. Como Margaret Mead dijo en una ocasión: «la primera relación busca el sexo; la segunda, los hijos, y la tercera, la compañía».

No es posible predecir el futuro de una relación de pareja. En algunos casos el romance es próspero y duradero, en la mayoría, la pasión del enamoramiento se transforma en lazos más estables de amistad. A menudo, sin embargo, la unión de la pareja se debilita con el paso del tiempo, su intensidad se apaga o es sustituida por el vacío de la indiferencia.

El amor se erosiona por diversas circunstancias: por un cambio en el equilibrio de poder en la pareja, por las continuas decepciones que dan lugar al desencanto y la frustración, por el desgaste de la atracción mutua, o bien porque uno o ambos se sienten constantemente criticados, denigrados, o heridos por la envidia o los celos del compañero. A veces da la impresión que estas parejas han agotado su capital emocional, al no haberlo recargado con la energía de una vida sexual estimulante, con la fuerza de la confianza o con el calor de la intimidad.

Pienso que las aspiraciones de fusión completa representan quizá la mayor amenaza para la relación amorosa, pues acarrean el peligro de transformarse en grandes desilusiones. Con bastante frecuencia el romance es un acto de imaginación exagerada por el cual los enamorados distorsionan o proyectan sus fantasías de perfección el uno sobre el otro. La firme creencia en la relación ideal, tenazmente arraigada en la imaginación de tantos hombres y mujeres, alimenta enormes expectativas. La inagotable satisfacción sexual, la reciprocidad exquisita y permanente, y la armonía emocional perfecta dentro de una relación de dos personas son metas ilusorias, frágiles e inalcanzables. Unas veces por las inevitables limitaciones de la convivencia, otras por la propia naturaleza contradictoria de las demandas de cada uno, y otras, simplemente, por la incapacidad existencial de cualquier ser humano para satisfacer totalmente los anhelos y expectativas de otro. Al final, la pareja pierde la esperanza de que sus deseos puedan ser gratificados, se decepciona y se desmoraliza. La imagen idealizada de la relación forma el caldo de cultivo de la desilusión, del resentimiento y de la ruptura.

El destino del amor depende de muchos factores, desde el temperamento de los enamorados hasta su capacidad para la tolerancia, pasando por los imprevisibles avatares de la vida. Pero sospecho que lo más importante para la supervivencia del amor es que no le exijamos cargar, por sí solo, con todo el peso del significado y propósito de nuestra existencia.

(Agosto de 1993.)

El poder de nuestros niños

El papel de la niñez y la actitud de la sociedad hacia ella han variado profundamente con el paso del tiempo, pero tres premisas han permanecido constantes: la falta de capacidad de decisión con que desde siempre se ha caracterizado a los niños, el dominio casi absoluto que se ha otorgado a los padres sobre los hijos, y la fuerte influencia que se ha atribuido al entorno social en el comportamiento de los pequeños. Hoy, sin embargo, la evolución imparable de la humanidad y los frutos de la civilización nos desafían a enfrentarnos con el insólito protagonismo de la infancia, con el extraordinario poder de los niños. Para comprender mejor este proceso de cambio quizá nos ayude repasar brevemente ciertos aspectos del pasado.

Hasta principios del siglo XIX la niñez se consideraba un período breve, gobernado por procesos fundamentalmente biológicos, que a los pocos años desembocaba, como por arte de magia, en la «mayoría de edad», en el «uso de razón». Pese a su temprana autonomía moral, los niños carecían de derechos, eran esencialmente posesiones, objetos de utilidad. Los progenitores no dudaban en usarlos para la supervivencia de la familia, lo que no resultaba difícil, pues, por un lado, eran poco costosos, y, por otro, reforzaban la estabilidad del hogar trabajando desde los siete u ocho años. Durante siglos, los vestigios de la vieja ley romana *patria potestas* confirieron a los padres una autoridad total e incuestionable sobre su descendencia.

Un reflejo de esta visión materialista de los niños y de su consabida impotencia fue la práctica tan extendida de abandonar a las criaturas indeseadas. Se calcula que en el siglo XVIII uno de cada cinco recién nacidos en Europa era abandonado, lo que obligaba a las grandes capitales a fundar una amplia gama de hospicios, inclusas y orfanatos donde se recogía a los pequeños expósitos, aborrecidos, pobres o huérfanos.

A finales del siglo pasado la percepción de la niñez se humanizó profundamente gracias a la explosión del interés por parte de psiquiatras, psicólogos y sociólogos en los procesos misteriosos que rigen el desarrollo del niño. Sigmund Freud, el padre del psicoanálisis y del determinismo psíquico, y sus muchos seguidores argumentaron metódicamente que las vivencias *edípicas* de la infancia y las actitudes de los progenitores hacia los hijos constituían las fuerzas modeladoras fundamentales del desarrollo infantil. Otros autores, como Erich Fromm, Karen Horney o Erik Erikson, resaltaron además en sus teorías la importancia del impacto del entorno social y de la cultura sobre la configuración de la personalidad del pequeño.

Estas tesis psicológicas, profundamente arraigadas todavía en el mundo occidental, utilizan un modelo causa-efecto unidireccional y, como consecuencia, ignoran la reciprocidad de la relación entre el niño y los padres o el medio social en el que vive. Perspectiva ingenua y desequilibrada, porque se apoya en una serie de principios que niegan el papel de los niños como actores sociales por derecho propio, que consideran a los pequeños simples *recipientes,* entes en potencia, productos futuros.

La realidad es que hoy los menores ejercen enormes efectos sobre los adultos y sobre la ecología psicosocial que les rodea. Los niños condicionan a los padres y su estilo de vida. Son con frecuencia una fuente inmensa de gratificación y de incentivo de vida para sus progenitores, ensalzan su identidad, contribuyen a expandir su repertorio emocional y sirven de cemento que une o solidifica su unión. Pero, al mismo tiempo, cambian por completo la dinámica de la pareja, empezando por el tiempo que restan a su intimidad o a la dedicación exclusiva del uno al otro.

El matrimonio con hijos, tarde o temprano, se vuelve más una relación entre padre y madre que entre hombre y mujer. Hay que tener presente que en nuestros tiempos la niñez es duradera y la situación económica y social del momento empuja a los hijos a una cada vez más larga convivencia con los padres, a menudo onerosa, incluso después de haber superado con mucho la adolescencia. Esto no es óbice para que bastantes padres reconozcan abiertamente que la realización de sus hijos es más importante que la de ellos mismos.

Cuanto más se desvía un niño de la norma o de las expectativas socialmente aceptadas —como en el caso de sufrir una enfermedad mental crónica o de exhibir conductas antisociales o delincuentes—, mayor es el reto que plantea al equilibrio hogareño. En casos extremos, estos pequeños con dolencias o problemas se convierten sin querer en motivo de amargos conflictos y tensiones en las parejas. Estas se ven desbordadas por sentimientos de fracaso, angustia, culpa, resentimiento y por la mutua recriminación. Según estudios recientes en Estados Unidos, estas situaciones son en parte la razón de que estadísticamente las parejas sin niños se sientan más felices en su relación que las que tienen varios hijos.

Más allá del ámbito del hogar, los niños forman su grupo social, su propia cultura. Un mundo dinámico, vitalista, rebosante de curiosidad y de impacto sobre su entorno que, para bien o para mal, no incluye a los padres, es independiente del medio familiar, y se caracteriza, sobre todo, por el consumismo. El mercado de los niños supone actualmente un imperio comercial deslumbrante. En ningún otro momento de la historia han tenido los menores tan fácil acceso a tan vastos recursos económicos, tanto poder adquisitivo —aunque se nutra del bolsillo ajeno—, y tanta influencia en los hábitos de compra de los adultos. Sin duda los padres gastan hoy más dinero en sus hijos que en sí mismos. Como consumidores y notables usuarios de los medios de comunicación, especialmente de la televisión, los pequeños eligen el producto, muchas veces en contra de los deseos de sus mayores.

De hecho, a pesar de la grave recesión y de los grandes problemas económicos que en la actualidad aquejan a los países de Occidente, el mercado infantil sigue floreciendo. En Norteamérica los expertos señalan, por ejemplo, que en lo que va de año la venta de publicidad comercial, sólo en los programas televisivos infantiles de dibujos animados, ha superado los quinientos millones de dólares, un incremento del 6 por 100 sobre el año anterior. No hay duda de que las multinacionales de juegos y películas de vídeo, de cereales azucarados, de «comida basura», de ropa vaquera o de calzado deportivo venden directamente a los niños con más pujanza y empeño que nunca.

La existencia de los niños ha mejorado profundamente en el último siglo, tanto que, para quienes hoy gozamos de circunstancias incomparablemente más afortunadas, las historias siniestras de las criaturas de antaño parecen increíbles, pura ficción. Los niños han dejado de ser «útiles» y se han convertido en los seres más «sagrados» y de mayor valor sentimental para los progenitores, un verdadero lujo. Nunca han crecido tan seguros y saludables como ahora.

Hoy nos enfrentamos con los desafíos que nos plantea una niñez más compleja e influyente, pero, a su vez, más humana, dinámica y saludable. Se trata de un cambio que auspicia un mejor futuro para todos, porque permite a los niños, junto con sus mayores, ocupar un lugar preferente en la vanguardia del progreso y de la evolución de la humanidad.

(Septiembre de 1993.)

VIOLENCIA EN LA INTIMIDAD

El provocador «juicio del pene cortado», uno de los casos más divulgados y seguidos de los últimos tiempos en Estados Unidos, concluyó recientemente con la absolución de Lorena Bobitt por un jurado de cinco hombres y siete mujeres. Esta joven esposa se tomó la justicia por su mano, vengándose de las palizas y violaciones a las que la sometía constantemente su marido, a quien castró con un cuchillo mientras él dormía borracho en la cama matrimonial. La razón para exculparla fue que sufría de enajenación mental pasajera a consecuencia de estas agresiones conyugales. De alguna manera, los miembros del jurado optaron por una sentencia más humana que estrictamente legal, pero también aplicaron una especie de ley del talión y trataron de reivindicar a las víctimas de la violencia en la intimidad.

Millones de personas, entre escandalizadas y fascinadas, siguieron nerviosamente la trama de esta tragedia humana a través de los medios de comunicación. Para los hombres, el caso ha sido especialmente chocante. El desquite implacable de esta mujer ha retumbado en la caverna del miedo masculino más profundo y primitivo: ser castrado. Una pesadilla cuyas ramificaciones tangibles y simbólicas son sencillamente horripilantes. Para las mujeres, en cambio, la revancha de la esposa atormentada ha significado algo nuevo. Durante siglos, a través de las más diversas culturas y en casi todas las sociedades, la mujer ha soportado indefensa y en silencio los abusos de su cónyuge. La esposa que se vengaba iba en contra de la norma cultural o de la ley y era severamente castigada.

A nadie se le escapa que la venganza de esta mujer a las vejaciones de su marido fue inaudita, por mucho que abunden casos de abuso similares. Según cifras oficiales de la policía, en Norteamérica se denuncian unos 2.800 asaltos diarios contra mujeres en el ámbito del hogar. También existen los hombres maltratados por sus esposas o amantes, pero la proporción es mucho menor. Con todo, la fiabilidad de estos datos es muy dudosa. Escondidas celosamente de la luz pública, las vicisitudes de la convivencia en el hogar se rodean con una coraza protectora de tabú y de silencio.

La agresión sádica y prolongada ocurre sólo en situaciones de cautiverio, cuando la víctima es incapaz de escapar de la tiranía de su verdugo y es subyugada por fuerzas físicas, económicas, legales, sociales o psicológicas. Esta condición se da en las cárceles, en los campos de concentración, en ciertos cultos religiosos y en burdeles, pero también, y con mucha frecuencia, en la intimidad del hogar. La familia es el caldo de cultivo más pródigo en conflictos y contradicciones. Por un lado, se presenta como un refugio seguro, pero simultáneamente es el escenario donde se representan las más violentas pasiones humanas.

Según los expertos en criminología, las personas tenemos mayor probabilidad de ser asaltadas y maltratadas en nuestro propio hogar a manos de alguien querido que en ningún otro lugar. Esto no nos debería de extrañar, dado que no existe animal vertebrado que, impulsado por la pasión de vivenciar el dominio total sobre otro ser, llegue a torturar con mayor indiferencia y crueldad a sus compañeros de vida, a los miembros de su propio clan.

Precisamente este ansia irracional de control y de poder es la fuerza principal que alimenta la violencia doméstica. Otros ingredientes frecuentes del abusador son la personalidad antisocial, la impulsividad, la baja tolerancia para la frustración, los sentimientos de inferioridad, una infancia violenta, el alcohol, las drogas y, sobre todo, los celos. Esta amarga enfermedad combina los sentimientos de posesión y desconfianza. Es «un monstruo de ojos verdes que desdeña la carne de la que se alimenta», como la definió William Shakespeare.

La agresión en la intimidad está también relacionada con esa dolencia colectiva que el sociólogo Emile Durkheim llamó anomia: el desmoronamiento patológico de los principios culturales y de las normas sociales de comportamiento. La anomia produce hombres y mujeres eternamente insatisfechos, rabiosamente resentidos, descontrolados, y con un asco irritante hacia la vida que les impulsa hacia la destrucción maligna de sus semejantes.

Además de daños físicos, la violencia conyugal causa en las víctimas trastornos emocionales profundos y duraderos, en particular la depresión crónica, la baja autoestima, el embotamiento afectivo y el aislamiento social. Desafortunadamente, una barrera que se ha interpuesto en el avance de nuestro conocimiento ha sido la propensión entre los profesionales de la salud mental a atribuir la causa de los maltratos a supuestos antecedentes psicopatológicos de la propia víctima, en lugar de considerar los síntomas secuelas del abuso.

Ejemplo clásico de esta tendencia a culpar a la víctima ha sido el viejo y manoseado razonamiento de que la violencia masculina en la pareja satisface la «necesidad de sufrir» de la mujer. En 1932, el mismo Sigmund Freud escribía: «La supresión de la agresión en las mujeres, constitucional y socialmente impuesta, favorece el desarrollo de intensos impulsos masoquistas, los cuales se vinculan eróticamente a sus tendencias autodestructivas. El masoquismo es, pues, auténticamente femenino.» Asimismo, en 1985, la psiquiatría oficial consideró el diagnóstico de «personalidad masoquista» para calificar a personas —casi siempre mujeres— que permanecen en relaciones explotadoras en las que son habitualmente maltratadas. Lo irónico es que el término masoquismo, que proviene del nombre del escritor austriaco del siglo pasado Leopold von Sacher-Masoch, está basado en los clásicos relatos de hombres que encontraban el placer sexual siendo azotados brutalmente a manos de mujeres voluptuosas y despiadadas.

Afortunadamente, según dan a entender los datos más recientes, desde 1989 el índice de violencia doméstica en Estados Unidos y en el resto de países de Occidente ha descendido a una media anual del 5 por 100. Pienso que esta tendencia está relacionada con los cambios positivos en la estructura del hogar y en la sociedad en general. Para empezar, la edad media del hombre y la mujer al contraer matrimonio se ha incrementado, y esto sugiere un grado más alto de madurez en la pareja. Por otro lado, la condición de la mujer ha mejorado notablemente, no sólo por el ímpetu de la causa feminista, sino también por la disponibilidad de métodos de control de natalidad seguros y efectivos. Estos cambios han favorecido la progresiva liberación socioeconómica de la mujer, una mayor igualdad entre los sexos y el descenso en el número de hijos no deseados. Igualmente importante ha sido la aceptación social del divorcio, válvula de seguridad que permite a parejas desgraciadas escapar de una relación conflictiva e intolerable.

Otros factores influyentes incluyen la mayor concienciación y repulsa colectiva de la violencia en el hogar, gracias a la extensa divulgación de este problema por los medios de comunicación, y el efecto disuasorio que ejerce una legislación más progresista para frenar los malos tratos conyugales. Finalmente no hay que olvidar la existencia de más opciones y de mejores tratamientos psicológicos para los protagonistas de este drama familiar.

La violencia en la intimidad nos plantea un doble reto: salvar la vida de la víctima y rescatar al mismo tiempo el alma de su verdugo. Porque estas brutales agresiones dañan gravemente a las víctimas, pero también llevan a sus ejecutores al exterminio, al confinarlos a un desierto moral poblado exclusivamente por las aberraciones y patologías que engendra el odio.

(Febrero de 1994.)

132

EL DRAMA DEL ADULTERIO

La infidelidad matrimonial ha sido perseguida y castigada con rigor a través de la historia. A los adúlteros —sobre todo a las mujeres— se les aplicó penas y torturas siniestras, incluida la muerte. En nuestro tiempo, la actitud hacia los romances ilícitos es más benévola, a pesar de que las costumbres y normas sociales, las instituciones religiosas, la familia y los amigos nos advierten que dediquemos toda nuestra pasión sexual exclusivamente a la esposa o al marido. Ello no obsta para que el agridulce drama romántico del adulterio esté omnipresente en nuestra cultura.

La proporción de hombres y mujeres casados que comparten a hurtadillas su amor, su ilusión y su ardor sexual con un amante es bien alta. Las aventuras clandestinas ocurren incluso entre matrimonios que disfrutan de una relación feliz. En muchos casos son ciegos ante los riesgos que asumen para la pareja, para la estabilidad del hogar, el trabajo, los amigos, la salud, la reputación y para la tan deseada paz de espíritu.

En Estados Unidos, donde el adulterio es socialmente muy rechazado y constituye motivo legal de divorcio, un informe reciente del Instituto Kinsey calcula que el 37 por 100 de los hombres y el 29 por 100 de las mujeres lo han practicado en algún momento de su vida conyugal. Las aventuras amorosas extramaritales están en aumento en los países de Occidente, particularmente entre las mujeres, quienes cada día disfrutan de mayor autonomía socioeconómica y se han beneficiado también de los avances en el control de la fecundidad, liberándose en gran medida de la enorme responsabilidad de la procreación. De hecho, la probabilidad de que una joven esposa tenga hoy día un idilio en los primeros doce años de su matrimonio es más alta que la de su marido, pero a partir de este momento son los hombres quienes con mayor frecuencia practican el adulterio. De todas maneras, estos datos son poco fiables, porque la *ley del silencio* suele ocultar la verdadera realidad de estos amores prohibidos.

El adulterio es un ingrediente propio de las uniones permanentes de pareja y también es fruto de las contradicciones intrínsecas del amor. Seguidores de Charles Darwin opinan que las relaciones furtivas tienen propiedades genéticas y raíces evolutivas. La predisposición colectiva y milenaria a las escapadas románticas —alegan— se alimenta de las fuerzas biológicas responsables de la gran variedad de nuestra especie. Por otra parte, en el plano emocional, la intimidad y la constancia de la vida conyugal chocan con los misterios de la seducción en la pareja y doman el frenesí del romance original. Como decía Oscar Wilde reflexionando sobre este punto: «Hay dos grandes tragedias en la vida: la pérdida de la persona amada y la conquista de la persona amada.»

Las explicaciones que los protagonistas dan de sus traiciones maritales son variopintas. El hombre suele poner mayor énfasis en la relación sexual, mientras que la mujer busca más el envolvimiento emocional. Hay cónyuges que en sus escapadas persiguen «un amor más intenso», ser más deseados, sentirse más atractivos, más masculinos o más femeninas. Otros aspiran a mejorar la comunicación, la intimidad, la comprensión o la satisfacción sexual. Los que se sienten relegados a un segundo plano a causa de los hijos, ambicionan volver a sentirse especiales para otra persona. Y muchos de los que fracasaron en sus matrimonios o están resentidos con la pareja, buscan la revancha o intentan forzar un replanteamiento de una situación conyugal insostenible.

Bastantes uniones se vuelven anémicas o vacías tarde o temprano. Para quienes son conscientes de la bancarrota emocional de su existencia, pero son incapaces de romper la pareja, el adulterio es el peaje que pagan por evitar una muerte afectiva prematura. Otros pocos, angustiados por su natural envejecimiento o por el miedo a la muerte, anhelan la energía renovadora del romance secreto. En el fondo, casi todos persiguen la pasión, la novedad y la cascada de emociones paroxísmicas de euforia y embelesamiento que acompañan a este mítico tabú.

Desde la fábula de la diosa Afrodita que engañaba a su esposo Hefesto con el dios Ares, o la leyenda de *Tristán e Isolda,* pasando por los amoríos de *Madame Bovary* y *Ana Karenina,* hasta las más recientes películas como *Atracción fatal* o *El piano,* nos ayudan a vislumbrar los múltiples conflictos, intrigas y misterios que impregnan la relación romántica entre el hombre y la mujer de nuestro tiempo.

El engaño conyugal es una odisea impulsada por el ansia de poseer lo inalcanzable, por el placer prohibido. La trama incluye encuentros y despedidas apasionantes, el miedo a ser descubiertos, el temor al castigo y la marginación, el sentimiento de culpa y el tormento de traicionar un ideal. Porque el adulterio no tiene una identidad propia, depende de la existencia de un contrato social, de un orden establecido que regula lo que se puede unir y lo que se debe mantener separado, e implica la transgresión de estas normas y fronteras.

Las escapadas adúlteras permiten experimentar un mundo de sueños y fantasías. Los amantes escogen su papel en este drama y pueden ser todos esos personajes para los que su matrimonio no tiene sitio. La verdad o los defectos no necesitan ser revelados. Después de todo, el romance ilícito es un acto de imaginación exagerada, de idealización de la persona deseada, en el que los actores proyectan sus ilusiones de perfección el uno sobre el otro. Y mientras la aventura sea breve, esta entelequia perdura.

Los protagonistas comienzan sus escapadas pensando que pueden controlar el resultado, pero frecuentemente la experiencia puede más que ellos. El hombre, incluso siendo el más promiscuo de los sexos, suele ser más intolerante ante la infidelidad de la esposa. La mujer, quizá por su preferencia natural por la negociación o, en muchos casos, consciente de su falta de autonomía económica, está más capacitada para distinguir entre un desliz pasajero de su compañero y un involucramiento sentimental. Con todo, para el cónyuge burlado la infidelidad flagrante es siempre causa de confusión, de resentimiento, de humillación y desconsuelo, mientras que para el matrimonio es el elemento más definitivo y frecuente de ruptura, como demostró recientemente la antropóloga Laura Betzig en un estudio de ciento sesenta sociedades.

El adulterio representa un drama clandestino y peligroso de reglas secretas propias. Durante siglos ha seducido a hombres y mujeres con la promesa de una pasión a la vez sublime y aterradora. Estamos ante un suceso conmovedor que trata del amor y de la traición del amor, ante una paradoja que, en el fondo, celebra lo que destruye. El análisis de sus causas y consecuencias y la aceptación de su omnipresencia en nuestra cultura, nos ayuda a comprender mejor la complejidad del ser humano, la inevitabilidad del conflicto y las continuas contradicciones de la vida.

(Abril de 1994.)

V
MALES DE NUESTROS DÍAS

—¿Y quién le ha enseñado a usted todo eso, Doctor?
La respuesta no se hizo esperar.
—¡El sufrimiento!

ALBERT CAMUS, *La peste*, 1947

LAS CALLES DE NUEVA YORK

No existe ninguna zona, urbana o rural, de Estados Unidos que no esté azotada por la plaga moderna de los *homeless,* miles de personas sin hogar que vagan por las calles arrastrando sus harapos, sus alucinaciones y sus enfermedades mentales. Este espectáculo, cada día más omnipresente, se califica como un ataque a la estética, en el mejor de los casos, y como un verdadero escándalo moral, en el peor. Una proporción muy alta de estos hombres y mujeres sin techo padecen enfermedades mentales crónicas. En otra época, hubieran sido internados en hospitales psiquiátricos estatales.

No se puede tratar el problema de los enfermos mentales sin hogar sin tener antes en cuenta el cierre masivo de centros psiquiátricos. Al concluir la década de los cincuenta, una serie de circunstancias confluyeron para alentar las políticas que, poco a poco, fueron reduciendo sustancialmente el número de enfermos mentales internados en hospitales del Estado. Por una parte, se descubrieron los neurolépticos, drogas que tuvieron una influencia terapéutica sobre los síntomas de la esquizofrenia, mientras el movimiento antipsiquiátrico negaba la enfermedad mental. Por otra, se esgrimieron las condiciones indignas que imperaban en algunos manicomios para defender los derechos del enfermo mental a escoger su propio destino y a reinsertarse en la comunidad. Todo esto, unido a los costes astronómicos de la atención institucional, se tradujo en la apertura de los hospitales norteamericanos, que en 1955 albergaban a 552.150 enfermos y en el presente año apenas si llegan a 110.500.

Para muchos de estos enfermos, más allá de los muros hospitalarios, el mundo es una auténtica jungla, plagada de una burocracia asistencial que no comprenden y carente de un techo bajo el que protegerse. Como consecuencia, decenas de miles de ellos viven ahora en las calles de las ciudades, libres, eso sí, pero sin un techo.

La ciudad de Nueva York muestra de una forma dramática la gravedad del problema. Cada noche, unas diez mil personas solas, aparte de otro batallón de familias en similares condiciones, duermen en los asilos municipales, una cifra que se ha multiplicado casi por cuatro en sólo ocho años. Cuando se estudia más de cerca a estos marginados, se descubre que un 63 por 100 de ellos manifiestan activamente síntomas de trastornos mentales. Sin embargo, estos son los casos menos serios, puesto que los dos mil hombres y mujeres que viven en la calle y ni siquiera aceptan la oferta de un refugio, padecen una incidencia aún mayor de enfermedades mentales graves.

Conmovidos por el sufrimiento de estos enfermos y avergonzados por la situación, tanto las autoridades municipales como los profesionales de la psiquiatría están comenzando a poner en práctica medidas para paliar los estragos causados por la desinstitucionalización. Así, la ciudad de Nueva York lanzó en octubre de 1987 el primer programa destinado a recoger de las calles a los enfermos mentales graves sin hogar, que no atendían sus necesidades esenciales de techo, alimentación, ropa y cuidados médicos, y que, como resultado, ponían en peligro sus vidas. El Proyecto Ayuda *(Project Help),* como se conoce este programa, recoge y evalúa a estos pacientes, y después los traslada a la sala de urgencias psiquiátricas del hospital municipal Bellevue, para un estudio más completo, tras el cual, de ser necesario, se los ingresa en una dependencia psiquiátrica de cuidados intensivos, incluso en contra de su voluntad.

En año y medio, este programa ha retirado de las calles a más de quinientas personas, que han recibido atenciones médicas y psiquiátricas muy necesarias. Esto no ha pasado inadvertido ni para los profesionales de la salud mental ni para los medios de comunicación ni para el público en general. Por el contrario, ha enfrentado directamente a estos grupos con el delicado equilibrio entre los derechos civiles de los enfermos y la atención a sus necesidades, creando un espinoso dilema social en cuyo centro se encuentra la negación de la enfermedad mental.

Y es que a diferencia de la mayoría de los trastornos físicos, la enfermedad mental se caracteriza por la negación del paciente a aceptarla. Tal negación se refuerza y complica con la que ejercen muchos sectores de la sociedad, cuyos miembros evitan enfrentarse a la existencia real de estas dolencias, escudándose en la posible discriminación contra estos enfermos. La popularidad de la obra de Ken Kesey *Alguien voló sobre el nido del cuco* ilustra la ambivalencia de nuestra sociedad, su temor y rechazo de la enfermedad mental. Algunos eruditos que explican la enfermedad mental como un comportamiento de significado político, se suman también al bando de los negadores bajo el argumento de que las alteraciones mentales son meras metáforas creadas por el Estado para mejor controlar a la sociedad, o por la profesión psiquiátrica para justificar su existencia.

Frente a esto, el ciudadano común y corriente cada vez entiende menos y rechaza más lo que percibe, bien como el abandono de los enfermos mentales por parte del Gobierno, bien como una cruzada particular de los activistas de las libertades civiles para condenar a estos desamparados a vivir una existencia miserable y peligrosa en las calles y quizá a morir *con sus libertades puestas*. Porque la libertad tiene escaso significado para este ejército de marginados cuyas acciones diarias están gobernadas por los elementos y otras fuerzas infinitamente más poderosas que cualquier intervención clínica. Si aceptamos un concepto positivo de la libertad, estos enfermos tienen derecho a ser dueños de sus propias acciones, pero también a verse libres de alucinaciones y delirios, y de la prisión que es la enfermedad mental.

El dilema de si hay que hospitalizar o no a los enfermos que no están capacitados para decidir por sí mismos o para pedir ayuda, no puede resolverse simplemente basándose en las decisiones de sus familiares, de los psiquiatras o de los gobernantes. Son las políticas sociales, derivadas de los valores que rigen en la comunidad, las que deben clarificar qué hacer con estos pacientes. Porque el peso de la decisión de tratar a los enfermos mentales graves contra su voluntad recae sobre la propia sociedad. El valor que se concede a la libertad individual de estos dolientes desamparados y confusos, lo mismo que el límite de tolerancia ante su sufrimiento y autodestrucción, deben ser marcados por la sociedad. Pero, a falta de unos pronunciamientos claros, presiento que los cuidados psiquiátricos involuntarios seguirán siendo un tema controvertido, no sólo en Estados Unidos sino en todo Occidente, donde el problema de los enfermos mentales sin techo es ya bien visible. Y es que es obvia la dificultad de armonizar la defensa de las libertades civiles con la imposición de intervenciones terapéuticas que casi siempre requieren coerción.

(Mayo de 1989.)

ANOMIA URBANA

La idea de que el hombre siente, piensa y reacciona de formas diferentes en el medio urbano que en zonas rurales es tan antigua como las mismas ciudades. Numerosos sociólogos han postulado que vivir en las grandes ciudades es un factor fundamental que determina el destino del hombre y la mujer de hoy. Los problemas existenciales más agudos de la vida moderna derivan del intento del individuo de preservar su autonomía e individualidad frente al impacto constante de las abrumadoras fuerzas sociales, culturales y tecnológicas características del medio urbano que le rodea.

Hace años, el sociólogo francés Émile Durkheim describió el fenómeno de anomia social como el desmoronamiento de la barrera de las reglas morales. Una vez derribada, los impulsos humanos más primitivos se desatan sin control. La anomia surge entre nosotros cuando nuestras necesidades básicas no se satisfacen y al cabo del tiempo se atrofian y desaparecen. Tal es el caso de la necesidad de participación social, que al no saciarse nunca, poco a poco se desvanece y acaba hundiéndonos en el aislamiento y el desinterés total por la convivencia. El resultado final es el colapso de las normas de comportamiento. Bajo estas condiciones, las grandes ciudades arrastran al individuo a su degradacion, al estado de una simple rueda de máquina que ignora su misión, mas siempre se mueve de la misma forma y en la misma dirección.

Para no pocos observadores, el paradigma de la ciudad contemporánea, Nueva York, está fracasando como experimento social e ilustra de forma dramática la anomia de nuestros tiempos. Basta con reflexionar brevemente sobre las escalofriantes cifras oficiales de cientos de miles de marginados por la pobreza, el sida, el alcoholismo, la enfermedad mental, la delincuencia y la discriminación, o la alarmante incidencia de criaturas abandonadas o de recién nacidos que llegan al mundo enganchados a las drogas, para convencer al más escéptico del estado de malestar moral que azota a esta influyente metrópoli de casi ocho millones de habitantes. Por otra parte, se aprecia la prevalencia más silenciosa pero igualmente extendida de depresión, soledad y angustia vital. Para quienes somos testigos de este proceso, la desintegración de los usos culturales y sociales y la desidia hacia la convivencia ofrecen un impresionante espectáculo.

En demasiadas ciudades modernas, fenómenos como la masificación, la sobreestimulación de los sentidos y el hacinamiento, abruman constantemente al individuo. Junto a estas condiciones, el empeño constante por lograr, *¡aquí y ahora!,* aspiraciones inalcanzables, y el continuo estrés, consecuencia de la obsesión por la búsqueda de dinero, confort y éxito, condenan a miles de hombres y mujeres a un estado perpetuo de infelicidad y de frustración. En respuesta, el ciudadano se defiende de la masificación y de los asaltos del medio, aislándose y protegiendo sus sentidos, oscureciendo las ventanas de sus automóviles, llevando los auriculares de los *walkmans* a todo volumen, eludiendo la comunicación cara a cara y anestesiando con drogas o alcohol sus emociones.

Conscientes de estos intentos de autoprotección, los medios de información, especialmente la televisión, asaltan continuamente con ráfagas de estímulos la intimidad de los hogares y las barreras protectoras de los ciudadanos. Entre los múltiples mensajes que lanzan, resaltan los contrastes entre quienes tienen de todo y los que no tienen de nada, las tragedias y las aberraciones sociales. Recuerdan sin cesar las contradicciones entre los ideales individuales que alimenta la sociedad y las limitaciones de los medios socialmente aceptados para conseguirlos, el desequilibrio entre aspiraciones y oportunidades.

Poco a poco el ciudadano pierde su capacidad de responder y adopta una actitud defensiva de retirada, de despego y desinterés. Sufre de embotamiento afectivo y pierde la capacidad de discriminar entre los múltiples estímulos del medio, de discernir lo esencial de lo superfluo. Más y más hombres y mujeres terminan como en un trance, en un estado de despersonalización que se manifiesta en indiferencia. El final de estos procesos de aislamiento y apatía es el autismo social, la alienación del individuo y su extrañamiento de sí mismo y de los demás.

Otra característica de este medio urbano enfermo es el anonimato, tan frecuente y extendido en las grandes ciudades, donde para la mayoría todo llega a adquirir un tono gris, indiferenciado, monótono e insípido. La ceguera del ciudadano hacia conductas marginadas y el sufrimiento humano llega a niveles sorprendentes. Progresivamente, se observa un estado de evidente degradación social en el que los costes y beneficios de las conductas antisociales se confunden o se ignoran, las fronteras entre el bien y el mal se difuminan y los controles se desmoronan.

Cuando examinamos los estragos de la anomia en la sociedad contemporánea, la conclusión es que debemos abandonar posturas de comprensible indignación y optar por la acción. Aparte de la obvia necesidad de instituir políticas socioeconómicas que ataquen la pobreza, la crisis del sistema escolar, la discriminación y el desempleo, se hace imprescindible la implementación de estrategias de salud mental pública que estimulen, particularmente en los jóvenes, la autoestima, la esperanza de realización y el incentivo hacia la participación en causas y proyectos sociales y culturales. Son igualmente necesarias las intervenciones que promuevan la integridad de la familia, la identidad de grupo y la cohesión de comunidades, que fomenten valores morales, el respeto al individuo, la dignidad humana y la compasión hacia el sufrimiento.

Tales estrategias exigen que encontremos un justo equilibrio entre la tecnología y la participación social, la individualidad y la convivencia, la espiritualidad y el materialismo. Desafortunadamente, algunas comunidades han sido invadidas por una anomia imparable y se están convirtiendo en trampas del hombre y la mujer modernos. Pero esta preocupante realidad no justifica nuestra indecisión ni puede ser excusa de nuestra parálisis.

(Mayo de 1990.)

La droga en la gran ciudad

Encuestas recientes confirman que el problema más preocupante para el ciudadano neoyorquino continúa siendo la droga, más que el crimen, más que el desempleo y más que la economía. Basta con examinar las increíbles cifras oficiales: 300.000 drogadictos, 100.000 arrestos anuales por consumo o venta de drogas, 276.000 niños de padres adictos, 120.000 consumidores de droga por vía intravenosa infectados por el mortal virus del sida.

Nueva York se ha convertido en un punto de referencia obligado, en el que se puede observar claramente cómo las drogas destruyen la fibra ciudadana desde su misma base: la familia, los colegios y el trabajo. Cada día son más los observadores que apuntan que las drogas y sus consecuencias son el reflejo más dramático de la desintegración de los usos sociales que azota a esta influyente metrópoli, esta ciudad universal, este vibrante mosaico de razas y culturas. Para planificadores sociales y profesionales de la sanidad, Nueva York es también el laboratorio ideal donde probar nuevos remedios y donde evaluar el impacto de intervenciones públicas para hacer frente a las drogas. De hecho, expertos de todo el mundo pagan la visita. En sus breves estancias en la gran urbe, observan y preguntan. No pocos visitantes se identifican con la frustración e impotencia de sus colegas neoyorquinos ante el inmenso problema de la drogadicción. La pregunta ineludible de casi todos estos curiosos forasteros es: ¿cómo vemos en Nueva York el problema de las drogas y su tratamiento?

He aquí algunas de las respuestas: vemos, por ejemplo, que el énfasis en combatir el problema de la oferta a nivel nacional e internacional, a pesar de los millones de dólares invertidos en controles de fronteras, policías, tribunales y cárceles, ha tenido un impacto limitado, y que, por tanto, hemos de acudir a estrategias que enfoquen decididamente el problema de la demanda por medio de campañas de prevención selectivas y de tratamientos sin los obstáculos tradicionales burocráticos. Creemos que para que las medidas de prevención tengan éxito deberán de ser especializadas y diseñarse de forma que hablen directamente y en su lenguaje a la población en peligro. Sobre todo, estos mensajes deben de llegar a los jóvenes en su propio medio: en la familia, el colegio, los centros sociales y comunitarios donde se concentran y, obviamente, también en las cárceles.

Hay que lograr que el mensaje educativo, más que sugerir soluciones o lemas demasiado generales o simplistas, o proveer información sobre la historia, la farmacología o los efectos novedosos de las sustancias prohibidas, describa crudamente las consecuencias nocivas de las drogas y, al mismo tiempo, destaque los beneficios y el atractivo de un estado físico y mental saludables. Todos los medios de comunicación son útiles a la hora de diseminar el mensaje, pero la televisión es el más efectivo.

Hemos aprendido que los drogadictos no son todos iguales. Las causas y las circunstancias de sus adicciones varían y sus problemas y necesidades también cambian con el tiempo. Por tanto, cada drogodependiente debe de ser evaluado individualmente. El tratamiento debe de adaptarse al drogadicto y no el drogadicto al tratamiento.

Pensamos que hasta que encontremos la cura específica de la drogadicción, el menú de intervenciones terapéuticas debe de ser variado e incluir no sólo intervenciones médicas tradicionales como los fármacos, la metadona, la desintoxicación y la rehabilitación, sino también tratamientos menos convencionales como la acupuntura, los grupos de autoayuda, los narcóticos anónimos, los talleres manuales y las granjas en el campo. Especialmente efectivos son los *case managers,* o gestores sociales, que se responsabilizan de un grupo de drogadictos veinticuatro horas al día y les ayudan a negociar la complicada jungla de la burocracia sanitaria y de los servicios sociales, evitando así que pierdan la motivación que les llevó al tratamiento.

Hemos visto, además, que el alcohol, la marihuana, los tranquilizantes y las anfetaminas constituyen casi siempre la antesala a las drogas duras, sobre todo en los jóvenes. También hemos llegado a la conclusión de que tanto el abuso de alcohol como de droga son adicciones de raíces etiológicas similares y que, por tanto, la separación clínica o administrativa de estos problemas o la gestión separada de los programas de alcoholismo y drogadicción, no tienen sentido. De hecho, los drogodependientes *puros* son la excepción. La mayoría de estos enfermos consumen simultáneamente drogas y alcohol.

Nos hemos dado cuenta de que ciertas infecciones contagiosas —tuberculosis, sífilis y sida— predominan entre los drogadictos, y que el abuso de drogas en mujeres embarazadas, cada día más frecuente, presenta problemas de salud pública de largo alcance. Por consiguiente, es indispensable facilitar servicios primarios de salud a estos enfermos al mismo tiempo y en el mismo lugar que se ofrecen los programas de drogadicción.

Para que el tratamiento tenga éxito, la comunidad debe participar activamente en su desarrollo y ejecución. Por otra parte, toda intervención debe ser cuidadosamente evaluada, de acuerdo con la continuidad de la asistencia al programa y la abstinencia rigurosa. Medidas coercitivas o incentivos, como conceder la libertad condicional, aseguran la colaboración de muchos pacientes y aumentan el éxito de cualquier intervención terapéutica, aunque provoquen la clásica controversia entre los grupos libertarios y los que subordinan el papel del individuo al de la sociedad, entre quienes celebran el derecho de los incapacitados a tomar sus propias decisiones por autodestructivas que sean y los que proclaman el derecho a protejerlos a toda costa. Precisamente somos bastantes los que sospechamos que los beneficios potenciales de la despenalización de las drogas palidecerían ante el disparo en el consumo y los enormes problemas de salud pública que éste desataría.

Las drogas son sustancias psicotrópicas poderosas y extremadamente adictivas que producen placer y eliminan temporalmente el dolor, y que siempre han estado y estarán con nosotros. Por lo que la intensidad del problema en un momento dado es sencillamente un reflejo de las condiciones sociales, económicas y existenciales de la sociedad, del grado de desintegración de la familia, del nivel colectivo de frustración, de desesperanza y de apatía.

En el fondo, el mayor obstáculo para atajar las drogas es la ambivalencia y las actitudes conflictivas de la sociedad hacia los drogadictos. Unas veces se les contempla como criminales o depredadores de sus semejantes, y otras como enfermos o víctimas de los males sociales. Este dilema provoca gran confusión cuando llega el momento de ayudarles, pues se oscila entre métodos diametralmente opuestos: en unos se les confronta con la ley y en otros se les ofrece tratamiento médico, se les rechaza o se les compadece. Presiento que estas actitudes contrapuestas probablemente nunca desaparecerán, ya que están arraigadas en valores sociales inevitablemente divergentes.

(Julio de 1990.)

EL RETO DEL SIDA

Diez millones de personas son portadoras del virus del sida en todo el mundo, según un comunicado reciente de la Organización Mundial de la Salud. Se calcula que unos 250.000 infectados por este mortal virus viven actualmente en la ciudad de Nueva York, foco de la epidemia en el mundo occidental, donde más de quinientos casos nuevos son diagnosticados cada mes. En esta gran urbe, el sida es ya la causa más frecuente de muerte en adultos entre veinticuatro y treinta y cinco años de edad, así como en niños entre uno y cuatro años, que fueron infectados por sus madres durante el parto.

El virus humano de inmunodeficiencia supone un desafío formidable para la tecnología médica de hoy, pues permanece silencioso en el cuerpo humano durante años, mientras su portador, aparentemente sano, propaga la infección. Esta es la razón por la que la mayoría de los infectados por el virus desconoce su situación, aunque muchos tampoco ven ventaja alguna en hacerse la prueba para detectarlo y enterarse de la mala noticia. Tarde o temprano todos los infectados desarrollan el sida y mueren. La infección es especialmente peligrosa porque invade las células responsables de las defensas inmunológicas del cuerpo. Por ello, la tarea de encontrar un tratamiento que sea a la vez eficaz y seguro es extremadamente difícil, ya que cualquier remedio tendría que destruir el virus sin dañar paralelamente células que son indispensables para la defensa de un organismo ya amenazado por infecciones o el cáncer.

El sida también desafía nuestros principios más básicos de convivencia. En Estados Unidos y en Europa fue diagnosticado primero en homosexuales, un grupo que suele evocar fuertes sentimientos negativos en una sociedad mayormente heterosexual. Este primer rechazo se intensificó cuando la siguiente oleada de la epidemia afectó a drogadictos por vía intravenosa, otro grupo tradicionalmente marginado. Y mientras algunas personas hostilmente exigían la segregación, la cuarentena o incluso que se tatuara a los infectados para su fácil identificación, otras empleaban referencias bíblicas tales como *castigo de Dios* para mostrar su repulsa. El terror a contraer la enfermedad llegó hasta el punto de que niños sospechosos de estar infectados fueron exiliados de los colegios. Únicamente a quienes se contagiaban accidentalmente a través de transfusiones de sangre contaminada, como los hemofílicos, se les consideraba víctimas inocentes, dignas de compasión. Conscientes de la impopularidad del tema y del coste astronómico que suponía hacer frente a esta devastadora enfermedad, ni los medios de comunicación ni los políticos intentaron durante los primeros años atajar el rechazo público.

A medida que el sida se extendía y los casos se multiplicaban ante el asombro del mundo, estrellas de cine, prestigiosos escritores y famosos del arte caían a consecuencia del virus mortal ante la curiosidad sensacionalista de los medios de comunicación. Poco después, las revistas científicas empezaron a dar cuenta de un aumento dramático en la prevalencia del sida incluso entre personas fuera de los grupos de riesgo conocidos. Finalmente, las autoridades sanitarias no tuvieron más remedio que aceptar la existencia de una epidemia.

Como sucedió con la peste, el cólera y la fiebre amarilla, fue necesario que se acumularan los cadáveres y que el sufrimiento humano llegase a niveles insostenibles para que la sociedad reconociera abiertamente lo que no se podía ignorar más y buscase dar una explicación colectiva sobre la terrible enfermedad. Por lo general, esta explicación no sólo incluía observaciones epidemiológicas, sino también argumentos sociales, morales y religiosos. Algunos vieron la oportunidad de reafirmar ciertos valores morales de la mayoría y, de paso, culpar a las víctimas.

Hoy, en Nueva York, basta con echar una ojeada a las esquelas de cualquier diario para ver lo que está pasando. De hecho, los expertos advierten que el impacto del sida en el mundo de las artes está siendo devastador y es probablemente irreversible.

La epidemia también ha alterado costumbres y pautas de comportamiento en esta sociedad. No sólo ha cambiado la vida del mundo *gay*, de forma que ahora se prefiere la relación estable de pareja, sino que también ha influido el estilo de vida de hombres y mujeres heterosexuales al hacerles temer prácticas antes más toleradas, como encuentros sexuales furtivos u ocasionales, mientras se ha producido un aumento espectacular de la popularidad del sexo *seguro*, como la monogamia, o como la excitación por medio de llamadas telefónicas que ofrecen en la prensa los profesionales del sexo.

De momento, la evolución del sida depende únicamente de nuestra capacidad de controlar su transmisión. La prevención, sin embargo, desafía a valores morales profundamente arraigados en la sociedad, ya que la enfermedad se transmite por lo general a través de la práctica del sexo o del uso de drogas por vía intravenosa. Para grupos conservadores y religiosos, la única respuesta adecuada a la epidemia es un simple no al sexo y a las drogas. Por tanto, estos sectores rechazan con fervor moral cualquier estrategia que trate de hacer estas conductas *inmorales* más seguras mediante el reparto de preservativos o de jeringuillas esterilizadas. Como contraste, para los grupos liberales, las propuestas que intentan hacer obligatoria la prueba del virus o detectar el contagio de los compañeros sexuales, se ven como una violación de los derechos civiles.

Entre los grupos minoritarios neoyorquinos como los negros y los hispanos, que cada día constituyen un sector mayor de la población de portadores del virus, cualquier intervención oficial de prevención choca con su miedo a la discriminación y su desconfianza histórica hacia la mayoría blanca. Un ejemplo es la fuerte reacción que ha desatado el plan municipal de distribución de jeringuillas entre drogadictos, que los líderes de las minorías han denunciado como una «campaña de genocidio que intenta estimular el consumo de drogas entre los sectores minoritarios y, de paso, su autodestrucción».

Si los dilemas que suscita esta epidemia son abrumadores, el grado de sufrimiento que causa la enfermedad es aún más devastador. Pues el sida marca con el terror a una muerte prematura, el pánico a contagiar a otros y la culpabilidad de una enfermedad que se considera autoprovocada. El sufrimiento se extiende desde los afligidos a sus familiares, pasando por sus parejas y amigos, hasta los profesionales que los atienden y los sectores de la población que se sienten estigmatizados y segregados por ser percibidos como fuentes de contagio.

El sida no sólo ha asestado un golpe devastador a nuestra ilusión de prepotencia y ha hecho añicos la creencia de que las epidemias no volverían a azotar el mundo desarrollado, sino que además nos enfrenta con la irrevocable realidad de que la muerte forma parte inseparable de nuestro cuerpo y de nuestra ecología. Esta plaga también fuerza a la sociedad a establecer sus prioridades y nos desafía a equilibrar valores morales, éticos y sociales divergentes y conflictivos. Pienso que el sida es un reto porque prueba nuestra tolerancia hacia el sufrimiento humano y nos pone en contacto con nuestros prejuicios y fobias sociales.

(Octubre de 1990.)

EL RACISMO EN NORTEAMÉRICA

«La turba colgó a Wyatt de un poste de teléfonos en la plaza pública. Mientras el negro convulsionaba en la agonía del ahorcado, los torturadores encendieron un fuego al pie del madero. El cuerpo del negro, aún con vida, empezó a arder. La horda, todavía insatisfecha, lo descolgó y después de embadurnarlo con aceite de carbón, lo arrojó a las llamas. Los quejidos de dolor que se oían salir de la víctima moribunda sólo sirvieron para enfurecer aún más a los verdugos, quienes abalanzándose sobre su cuerpo abrasado, lo apalearon y apuñalaron hasta hacerlo pedazos. Sólo cuando la última señal de vida había partido de la criatura, desistieron y permitieron que las llamas la devoraran.» En 1903, el *New York Times* publicó esta descripción espeluzante de un linchamiento en Belleville (Illinois).

En 1903, ocho millones y medio de personas en Norteamérica eran de raza negra. En la actualidad hay treinta millones, que unidos a los veintidós y medio de hispanos y a los diecinueve de asiáticos, indios y esquimales, forman un incomparable espectáculo demográfico, un vibrante mosaico de razas y culturas. Tal fenómeno ha sido descrito poéticamente como el amanecer de la primera nación universal. Aunque afortunadamente ya no se dan linchamientos, para muchos, las piezas de este mosaico étnico siguen separadas por una profunda hendidura de racismo que llega hasta el mismo hueso de la identidad de esta joven nación. Nadie siente esta escisión más íntimamente que los ciudadanos de raza negra, la minoría más numerosa, para quienes el país todavía contiene dos sociedades, una negra y otra blanca, separadas y desiguales.

Las raíces del sentimiento racista se nutren de estereotipos derivados de la ignorancia sobre la realidad ontológica de los negros; de viejos valores judeocristianos que separan a los infieles y paganos, generalmente representados por personas de color, de los creyentes, en su mayoría blancos; de mecanismos psicológicos que permiten al individuo frustrado compensar su baja autoestima comparándose con las condiciones deplorables de los negros; y de la necesidad del poderoso de crear y perpetuar un grupo explotable de *subhumanos*.

Los jóvenes de raza negra están vinculados estadísticamente al crimen, como perpetradores y como víctimas. De hecho, constituyen una generación encarcelada. Uno de cada cuatro hombres negros entre los veinte y veintinueve años de edad está en la cárcel o bajo libertad provisional. Esta proporción contrasta con uno de cada treinta y cinco blancos. Sorprende que en estados como Nueva York haya más varones negros procesados por el sistema de justicia criminal que matriculados en universidades. Como víctimas, el homicidio es la causa más frecuente de muerte entre varones de raza negra entre quince y veinticuatro años, un índice ocho veces más alto que el de blancos.

Los negros también sufren de muerte prematura. Mientras la expectativa de vida para la población estadounidense es de setenta y cinco años, para los negros es de sesenta y nueve. La tasa de mortalidad infantil entre los recién nacidos de raza negra alcanza quince muertes por cada mil nacimientos, casi el doble de la población blanca. Muchos más negros que blancos mueren de ataques al corazón, diabetes y cirrosis de hígado. La corta vida que caracteriza a esta minoría ha sido relacionada científicamente con la pobreza, la mala nutrición, y el estado crónico de frustración y estrés que supone vivir en una sociedad con prejuicios raciales. No es de extrañar que haya negros que estén convencidos de que la mayoría blanca no los quiere, que, literalmente, les desea la muerte.

Para muchas personas de color, incluso entre los de clase más privilegiada, los estereotipos de la sociedad blanca son un recuerdo amargo del irrealizable sueño de armonía racial perfilado en el movimiento de los derechos civiles de los años sesenta. Período en el que tantos negros y blancos, alentados por el carismático Martin Luther King Jr., se unieron en la lucha contra la injusticia racial.

Los estereotipos negativos sirven para avivar el fuego de la discordia. Cada vez que a un negro no se le abre la puerta de una tienda de modas de la Quinta Avenida de Nueva York, que un taxi pasa de largo sin recogerlo o que le piden la documentación cuando a nadie se la piden, su resentimiento de rechazo aumenta. Muchos piensan que estos incidentes, lejos de ser aberraciones aisladas, son el emblema de una cultura llena de prejuicios raciales.

Por otra parte, la minoría negra ha llegado a aceptar expresiones que simbólicamente fomentan sus propios estereotipos. Por ejemplo, la palabra negro a menudo connota suciedad, maldad, pesimismo, desesperanza o ilegalidad. Expresiones como *oveja negra, lista negra, mercado negro, magia negra o ver negro* refuerzan subliminalmente las actitudes negativas que la sociedad tiene hacia esta raza. Después de todo, el lenguaje es un espejo de la sociedad. Por otra parte, la convivencia social, tan impregnada de aprensiones raciales, crea otros problemas de lenguaje que se manifiestan en la conversación diaria. Frecuentemente las complicaciones derivan del desacuerdo que existe sobre cuál es la expresión políticamente correcta para referirse a la minoría de color, ya que, dependiendo del contexto, se pueden usar términos que tienen connotaciones diferentes, entre ellos: *colored, negro, black* o *African American.* El uso en público de una expresión considerada inapropiada puede fácilmente dar lugar a acusaciones de insensibilidad racial o incluso de racismo.

El racismo es ignorante, impersonal y deshumanizador. Aunque las estrictas leyes contra la discriminación han tenido cierto éxito contra los efectos del racismo, los prejuicios raciales son especialmente vulnerables al trato individual y al conocimiento directo de personas de color. En este sentido, sospecho que la experiencia de los soldados estadounidenses en la reciente guerra del Golfo ha sido reveladora. En el frente, donde el 25 por 100 de las tropas era de raza negra, no existían las tensiones raciales. Enfrentados con la muerte y los peligros del conflicto, los soldados se sentían muy unidos, compartían el mismo objetivo y dependían los unos de los otros. Como algunos de ellos han declarado públicamente: «en las trincheras y en los carros de combate no había ni blancos ni negros, sólo amigos». Paradójicamente, a pesar de la tragedia que supone esta contienda, para estos hombres y mujeres soldados, la guerra ha sido racialmente humanizante.

(Abril de 1991.)

La deshumanización de la medicina

A lo largo de este siglo que se marchita la medicina ha hecho milagros, desde vacunas contra enfermedades epidémicas hasta curas para el cáncer, pasando por antibióticos y paliativos del dolor. Como consecuencia, la duración de la vida se ha duplicado y la calidad del vivir ha mejorado notablemente. No obstante, cada día es mayor el número de personas que se quejan de la ausencia de humanidad en el médico, que añoran la imagen idealizada del galeno de antaño, a pesar de que a menudo este no podía hacer otra cosa que limitarse a confortar al enfermo con su presencia.

El sentir popular es que el médico del pasado era más humano, más consciente de las necesidades afectivas y espirituales del paciente. Los facultativos de hoy, opinan, se distancian con demasiada frecuencia de los fines altruistas para sucumbir a las tentaciones del enriquecimiento y de la arrogancia. En definitiva, señalan, «ahora vivimos mejor pero nos sentimos peor».

En esta era de tecnología médica avanzada, de litigios constantes, de racionamiento, comercialización y burocratización sanitaria, la sociedad espera que la medicina sea una profesión heroica que armonice el humanismo y la ciencia. En medicina el humanismo es un ingrediente necesario de la relación entre el médico y el enfermo, un arte de palabras, sentimientos y actitudes. El médico lo expresa con compasión, tacto, comprensión, lo que a su vez evoca en el paciente confianza, seguridad y esperanza.

La relación entre médico y enfermo ha evolucionado con el tiempo y ha incorporado las normas culturales de la época. Por ejemplo, el creciente cuestionamiento de la tradicional actitud paternalista del doctor hacia el paciente ha impulsado el concepto de la decisión médica compartida, en la que el médico aporta sus conocimientos y experiencia y el enfermo, sus valores y deseos.

No existe situación que ponga más a prueba la decisión compartida y el humanismo del médico que el paciente terminal. A medida que la tecnología puede posponer el fin de la vida, la muerte se está transformando de un suceso natural en una decisión humana. Pero instruidos en la ciencia de prolongar la existencia, muchos galenos evaden al paciente agonizante porque les confronta con la dura realidad de su impotencia. Resulta ciertamente trágico ver a hombres y mujeres agonizar lentamente en unidades de cuidados intensivos, privados de un final tranquilo y digno junto a sus seres queridos.

Existen además otras barreras que dificultan el talante humanista en la práctica de la medicina. Para empezar, son bastantes los doctores que en privado opinan que dedicar tiempo al paciente para escucharle y confortarle es irrelevante. Después de todo, sostienen, aun sin estos ingredientes «ritualistas» y «simbólicos», la mayoría de los enfermos consiguen mejorar en la mayor parte de los casos, gracias a los adelantos de la ciencia.

Muchos médicos se muestran escépticos ante la conexión «mente-cuerpo» y el potencial terapéutico del optimismo y la comunicación, y no saben qué hacer con estudios como el que recientemente demostró que la participación en un grupo de psicoterapia de apoyo, triplicó el índice de supervivencia de mujeres afectadas por cáncer de mama con metástasis. Sus estudios de medicina les convencieron del poder inigualable del reduccionismo biológico.

La tendencia entre los facultativos a devaluar las experiencias *subjetivas* de los pacientes también se refleja en la renuencia de tantos médicos a tratar el dolor. Entre los mitos que se alegan están la noción de que el dolor es necesario para el proceso de curación y la creencia de que el uso de narcóticos después de una intervención quirúrgica produce drogadicción. Conscientes de la falta de fundamento de estos conceptos y del sufrimiento innecesario que ocasionan, las autoridades sanitarias de algunos países han recomendado a los doctores que provean decididamente fármacos para prevenir o aliviar el dolor a los pacientes, con el fin de disminuir su tormento y acelerar su recuperación.

Es evidente que los avances tecnológicos han disminuido considerablemente la importancia del contacto personal del facultativo con el paciente. La relación se establece prioritariamente a través de procedimientos, aparatos y remedios, a los que comprensiblemente se les atribuyen los beneficios «tangibles» y «reales» de la intervención médica.

A estos factores distanciantes entre el médico y el enfermo hay que añadir la influencia deshumanizante de la cultura del sistema sanitario saturado y agobiante de nuestras capitales. Esto se materializa en el ambiente de constante antagonismo que existe entre proveedores y clientes. Ambos se sienten maltratados y desconfían de los motivos del otro. Paralelamente, las ilusiones tan populares de salud inquebrantable y longevidad indefinida, hacen que mucha gente en algún momento se sienta decepcionada con la limitada eficacia de los profesionales de la medicina.

Demasiados médicos actúan como funcionarios renuentes, mal retribuidos y atrapados en un mundo tecnocrático que odian. Se sienten acosados por administradores impacientes por controlar y por un público ansioso por criticar, y están siempre faltos de tiempo o de energía para sentarse a la cabecera del doliente e impartirle esperanza.

Otro hecho es que en la mayoría de las instituciones públicas los enfermos son considerados una imposición, una carga, números y no individuos, vidas estadísticas sin identidad. La estructura burocrática de estos hospitales y ambulatorios está organizada principalmente para satisfacer la mecánica interna de la institución y la conveniencia del personal y no para el beneficio del enfermo.

Uno de los factores determinantes del fracaso de los aspectos humanos de la medicina radica en la perversión de los esquemas económicos. A los médicos se les prima por atender al mayor número de pacientes en el menor tiempo posible, por utilizar procedimientos técnicos avanzados y por intervenir quirúrgicamente. Muchos clínicos saben lo difícil que resulta resistir la tentación de efectuar una intervención técnica, aunque sólo sea para confirmar un diagnóstico consabido, especialmente cuando acarrea un beneficio económico y, de paso, impresiona al enfermo con sus propiedades mágicas.

Nadie duda de que hay algo fundamental que falla en la medicina de hoy. Deshumanizada, cara, incluso cruel, la asistencia sanitaria plantea un desafío a la sociedad y a sus líderes a la hora de armonizar la dignidad de la persona y la compasión hacia el doliente, con el sentido social y espíritu heroico del servicio médico, y con el progreso de la ciencia. El camino será arduo, el conflicto inevitable, pero el reto es necesario. Después de todo, ni la medicina ni la sociedad pueden vivir la una sin la otra.

(Junio de 1992.)

Era de la depresión

Cada era produce su forma única y peculiar de patología psicosocial. Como señaló el sociólogo Christopher Lasch, el mal de una época suele manifestarse en la expresión exagerada de los rasgos del carácter de los hombres y mujeres que forman la sociedad del momento. A principios de siglo la neurosis obsesiva y la histeria fueron los trastornos predominantes en una cultura que se caracterizaba por el fervor hacia el trabajo y la represión implacable de la sexualidad.

A finales de los años sesenta comenzó a brillar la *generación del yo,* la edad del culto al individuo, a sus libertades y a su cuerpo, la devoción fanática al éxito personal, al dinero y al consumo. La dolencia cultural que padecemos desde entonces es el narcisismo, aunque según dan a entender estudios recientes, la comunidad de Occidente está siendo invadida ahora por un nuevo mal colectivo: la depresión.

En términos generales, la prevalencia del síndrome depresivo no sólo aumenta día tras día en los países industrializados, sino que las nuevas generaciones son las más vulnerables a esta aflicción. Por ejemplo, la probabilidad de que una persona nacida después de 1955 sufra en algún momento de su vida de sentimientos profundos de tristeza, apatía, desesperanza, impotencia o autodesprecio, es el doble que la de sus padres y el triple que la de sus abuelos. En Estados Unidos y en ciertos países europeos, concretamente, sólo un 1 por 100 de las personas nacidas antes de 1905 sufría de depresión grave con antelación a los setenta y cinco años de edad, mientras que entre los nacidos después de 1955 el 6 por 100 padece de esta afección antes de los veinticuatro. En cierto modo, se puede decir que de padres narcisistas están naciendo hijos melancólicos.

Algunos expertos señalan que la actual proliferación del pesimismo y la desmoralización es consecuencia de un estilo de vida carente de sentido religioso, de la descomposición del modelo tradicional de familia, o del índice cada vez más alto de rupturas en las relaciones de pareja. Otros lo achacan a la vida estresante y plagada de luchas de las grandes urbes, o a la doble carga del trabajo y el hogar que soportan las mujeres, o al estado de continua frustración que ocasiona el desequilibrio entre aspiraciones y oportunidades, o al sentimiento de fracaso que produce la persecución obsesiva e inútil de ideales inalcanzables, como la perfección física en la mujer o el poder económico en el hombre. Tampoco hay que olvidar que la depresión biológica es una enfermedad que cada día se reconoce y diagnostica con mayor facilidad y frecuencia.

Independientemente de la importancia que tengan estos factores en la transición de la cultura del narcisismo a la era de la depresión, yo creo que la fuerza más potente de cambio está en el hecho de que las estrategias narcisistas van perdiendo su eficacia y atractivo entre los hombres y mujeres de hoy. Estas tácticas egocéntricas se nutren de la convicción de que el ser humano es el centro del universo, superior a todas las criaturas vivientes, dueño total de sí mismo, y poseedor de la verdad absoluta. Por otra parte, el narcisista está ensimismado, como extasiado consigo mismo, y es incapaz de relacionarse verdaderamente con los demás, porque no puede suspender su desconfianza ni siquiera por un momento para poder entrar con empatía, con imparcialidad y con afecto en la vida de la otra persona y aceptar su existencia independiente.

A pesar de sus ingredientes patológicos, las defensas narcisistas nos han resultado muy útiles durante los últimos veinticinco años, porque han mantenido nuestra capacidad colectiva de autoengaño y han configurado un escudo protector contra nuestra conciencia de fragilidad, de pequeñez y de impotencia. Esta es precisamente la razón por la que a medida que la sociedad se despoja de la coraza de omnipotencia, experimenta paralelamente sentimientos profundos de aprensión, de vulnerabilidad y de baja estima.

En realidad, dentro de un marco psicosocial, la llegada de esta era de depresión constituye un avance en la civilización y desarrollo del ser humano. Un paso necesario y positivo, porque refleja el triunfo de las fuerzas inexorables del conocimiento y de las raíces humanitarias y progresistas del hombre, y la derrota de los absolutismos simplistas y de la arrogancia nihilista.

A lo largo de la Historia, el narcisismo recalcitrante ha sufrido golpes memorables a manos de la intuición y de la ciencia. Desde el asalto descorazonador de Nicolás Copérnico contra la ilusión de que el mundo, la morada del hombre, era el centro del cosmos, hasta la acometida de Charles Darwin que echó por tierra la deificación de la persona, probando el origen evolutivo de la especie humana. Este último descubrimiento fue particularmente devastador y humillante, pues el hombre, en su infatigable persecución de la supremacía absoluta, se había distanciado más y más del resto de la fauna, y había roto sus lazos biológicos con el reino animal, negándole a sus miembros la capacidad de razonar, mientras que él mismo se adjudicaba un origen divino y un alma inmortal.

Junto a estos combativos y geniales antinarcisistas hay que incluir forzosamente a Sigmund Freud y a Albert Einstein. El primero por destruir el mito de que el hombre es en todo momento dueño y señor de su mente y de sus actos, razonando metódicamente el poder extraordinario del inconsciente humano; y el segundo por propinar un golpe mortal al absolutismo científico al demostrar que la percepción de fenómenos tan exactos y constantes como la velocidad de la luz o del tiempo es relativa pues varía dependiendo de dónde se sitúe el observador, esto es, del punto de vista.

Es evidente que la caída del pedestal intocable de la prepotencia narcisista produce salpicaduras depresivas y angustiantes. Pero a la larga nos enriquece. Después de todo, la mejor prescripción

165

para enfrentarnos con los continuos retos y dilemas que nos plantea la vida moderna es reconocer sencillamente que somos una mera fracción del universo, que dependemos irremediablemente de los demás, y que el conflicto es inevitable. No menos importante para el arte de vivir es aceptar que estamos sujetos a un proceso imparable de evolución, que existen fuerzas incontrolables, desconocidas o inconscientes que influyen poderosamente sobre nuestros deseos, actitudes y conductas, y que la valoración del mundo que nos rodea depende de dónde nos situemos, de nuestra capacidad de ponernos genuinamente en el lugar de la otra persona. Tal abordaje de los problemas de la vida no sólo es positivo para nosotros, puede también servir de guía a las generaciones futuras cuando tengan que enfrentarse con los desafíos aún mayores que seguramente les depare el mañana.

El final de siglo está presenciando el comienzo de la era de la depresión. Este ánimo colectivo cargado de dudas y desasosiegos, quizá sea el peaje obligatorio que tengamos que pagar por evolucionar, por conocernos mejor, por sentirnos más humanos y, en definitiva, por ponernos al día.

(Enero de 1993.)

VIOLENCIA SIN SENTIDO

Como el cáncer, el sida, la esquizofrenia y otras enfermedades devastadoras que tanto tememos pero que la realidad nos obliga a aceptar, la violencia forma parte inseparable de la naturaleza humana. Desde un punto de vista emocional, la violencia sádica y sin sentido es especialmente chocante y nos produce un profundo sentimiento de horror, confusión, náusea y dolor.

El miedo a ser víctima de un crimen acecha constantemente al hombre y la mujer de nuestros días. Pero la aprensión a ser objeto de un ataque brutal fortuito, sin causa ni razón, a manos de un extraño, posee un ingrediente terrorífico singular. Lo estremecedor de estos sucesos al azar es que rompen los esquemas, las hipótesis y expectativas sobre lo que debe ser la convivencia en una sociedad civilizada. Cuando un inocente cae víctima de la violencia sin sentido —como en el caso del asesinato a puñaladas de un obrero que esperaba el autobús, en el transcurso de un «juego de rol» en Madrid—, todas las premisas establecidas sobre el orden social en el universo se vienen abajo.

La conducta de los agresores pone casi siempre a prueba nuestra capacidad de entendimiento. Aunque no suelen mostrar síntomas de psicosis o de haber perdido el contacto con la realidad, sus actos escalofriantes no parecen estar basados en motivos que tengan sentido para el resto de las personas. Algunos cometen agresiones diabólicas a sangre fría tan fuera de los límites de la experiencia humana que parece como si pertenecieran a una especie animal diferente y maldita.

Durante siglos muchas culturas han simbolizado en imágenes demoníacas estas tendencias humanas perversas. De hecho, la figura del demonio a través de la historia ha servido para personificar lo que los hombres, como criaturas intrínsecamente sociales, no pueden permitirse ser. Pero para estos asesinos lo demoníaco no es un símbolo, sino un estilo de vida real. Por esta razón hay autores que definen los rasgos caracterológicos de estos verdugos como el «síndrome de Mefistófeles».

Citar al infierno como fuente de motivación de la malignidad humana no es nada nuevo, como tampoco lo es interpretar los fallos morales como enfermedades mentales. Para muchos, las personas que cometen estas atrocidades deben estar locas, no tienen más remedio que haber perdido la razón. La naturaleza exacta de la enfermedad mental no es lo que generalmente importa, pues está claro que cuanto más infame y sanguinario es el crimen, más convincente es la proposición de que se trata de la obra de un enajenado.

Los agresores violentos suelen ser catalogados por los medios de comunicación y la literatura jurídica como psicópatas o sociópatas. Sin embargo, desde sus orígenes estos conceptos han estado envueltos en intensa controversia. Una pregunta que muchos expertos se hacen es si produce algún beneficio real tratar de entender las motivaciones y la dinámica psicológica de estos degenerados incorregibles, en lugar de considerarlos aberraciones irreparables de la naturaleza humana o simples «mutantes del infierno».

En psiquiatría hablamos de trastornos antisociales de la personalidad. Las características de estos personajes incluyen la superficialidad unida a la locuacidad; como además sufren de demencia semántica, las palabras están para ellos desprovistas de significado o de connotaciones afectivas. Son expertos en la racionalización, la evasión y el engaño. Buscan compulsivamente sensaciones intensas, lo que no es fácil, pues tienen un umbral muy alto de estimulación. Estos sujetos —en su mayoría hombres entre quince y cuarenta años de edad— sólo pueden experimentar la sensación de poder en el contexto de la explotación y el sufrimiento de sus víctimas, la humillación, el dominio, la tortura y el control sobre la vida de seres que consideran vulnerables, débiles u objetos inanimados. Al mismo tiempo, desprecian la vida y carecen de la capacidad de sentir compasión, remordimiento o empatía.

Albert Camus, en *El extranjero,* describe este hombre alienado, desconectado, sin lazos ni ataduras con nada ni nadie, víctima de la desintegración social. Es el hombre que mata y no siente nada, y que termina su vida vacía y absurda soñando con el día de su ejecución, cuando las hordas exaltadas de espectadores le reciban con gritos de odio y con maldiciones.

Aunque no conocemos la causa de la personalidad antisocial, entre las explicaciones más extendidas se encuentran las que la atribuyen a factores genéticos, a daños cerebrales, a problemas del aprendizaje y, en particular, de la capacidad de autocontrol o de la aptitud para discernir entre el bien y el mal. Por otro lado, estos trastornos también se han relacionado con la *anomia:* el desmoronamiento de las reglas morales, de los principios culturales y de las normas más básicas de conducta de una sociedad. Precisamente, la anomia produce hombres y mujeres con un irritante desdén hacia la vida, rabiosamente insatisfechos, resentidos, desmoralizados, que persiguen sin descanso vivencias destructivas malignas que les distraigan momentáneamente del vacío y la banalidad de sus existencias.

La relación estadística entre el abuso infantil y la agresión maligna en el adulto no es indiscutible, pero resulta demasiado convincente como para ignorarla. Es un hecho que la crueldad, tanto física como emocional, el abandono y la explotación, mutilan psicológicamente al niño y le transforman en un ser sádico y destructor. Estudios recientes demuestran que el maltrato de los niños en el hogar se puede predecir con una precisión tan exacta como deprimente. Son moradas donde cunden las privaciones, la ignorancia, la inseguridad, las frustraciones y la desesperanza. Familias en las que los hijos ni se planearon ni se deseaban, mientras que los padres son impulsivos, propensos al abuso del alcohol, y sin recursos afectivos para llevar a cabo las enormes tareas y responsabilidades del cuidado y educación de los pequeños.

Aunque la personalidad antisocial se ha convertido en la expresión paradigmática de la naturaleza humana en este siglo, lo cierto es que este tipo de carácter no es un producto de la sociedad contemporánea sino que siempre ha existido. De hecho, hoy el número de estos individuos es relativamente bajo, aunque parezcan legión al ser la visibilidad de sus actos malévolos muy alta, gracias a la atención de los medios de comunicación.

Hoy día, la gran mayoría de las investigaciones refutan la interpretación de la violencia sin sentido como fuerza instintiva o innata en el ser humano. La agresión maligna se perfila más como una capacidad latente que sólo algunas veces se activa bajo ciertas condiciones nocivas. No obstante, es algo que radica en la esencia humana. Jalil Gibrán nos lo recuerda en *El profeta:* «A menudo os he oído hablar del hombre que comete un delito, como si él no fuera uno de vosotros sino un extraño y un intruso en vuestro mundo. Mas yo os digo que de igual forma que el más santo y el más justo no pueden elevarse por encima de lo más sublime que existe en cada uno de vosotros, tampoco el débil y el malvado pueden caer más abajo de lo más bajo que existe en cada uno de vosotros.»

(Junio de 1994.)

LAS SEMILLAS DEL CRIMEN

La otra noche, en una calle del sur de Chicago, alguien salió de las sombras y comenzó a disparar salvajemente a un grupo de adolescentes que estaban jugando a la pelota. Cuando el tiroteo cesó, una niña de catorce años yacía muerta en el suelo con un tiro en la cabeza. El asesinato de esta joven ha conmovido al país y ha hecho que muchos teman por el futuro de esta sociedad. No tanto por la tierna edad de la víctima, sino por la edad incluso menor del homicida, Robert Sandifer, un niño de once años.

Tres días más tarde, la búsqueda del inculpado concluyó debajo de un puente, donde su cuerpo fue encontrado en un charco de sangre y barro con un tiro en la nuca. Según la policía, Robert pertenecía a una cuadrilla de pistoleros y tenía unos antecedentes de delincuente que podrían ser perfectamente los de un malhechor veterano. A los tres años fue abandonado por su madre, de dieciocho, y su cuerpo ya estaba marcado por múltiples cicatrices de quemaduras de cigarrillos.

Dos hermanos, uno de catorce años y otro de dieciséis, han sido acusados de la muerte de Robert. Ambos eran miembros de la misma pandilla que puso una pistola en sus pequeñas manos y lo empujó al mundo adulto de violencia y de muerte.

Durante mucho tiempo se pensó que los seres humanos estábamos dominados por un gen maléfico de destrucción que nos conducía irremediablemente hacia nuestro aniquilamiento. Hoy sabemos que la agresión maligna no es un instinto. Las semillas del talante violento y antisocial se siembran y se cultivan durante los primeros años de la vida, se desarrollan en la infancia y suelen comenzar a dar sus frutos dañinos a principios de la adolescencia.

Las comunidades de Occidente se enfrentan actualmente a una epidemia de crimen juvenil sin precedentes en su historia. La delincuencia con uso de la fuerza por parte de menores se ha convertido en una pesadilla colectiva incomprensible y siniestra, en una penosa obsesión. En Norteamérica, por ejemplo, donde la violencia es endémica, a pesar de que el índice de delitos violentos se ha mantenido estable desde 1990 y la población general de adolescentes ha disminuido, los homicidios perpretados por gente joven han aumentado el 124 por 100 en los últimos cuatro años. De los 24.500 asesinatos que se cometieron en 1993, por lo menos 3.420 víctimas fueron ejecutadas por menores de dieciocho años.

La repulsa general de esta chocante realidad explica el hecho de que una de las cláusulas más importantes de la notoria «ley anticrimen», recientemente aprobada por el presidente estadounidense, Bill Clinton, sea permitir juzgar como adultos a menores de trece años acusados de asesinato, violación o robo a mano armada.

Existen condiciones patológicas individuales que predisponen a conductas agresivas: ciertos daños cerebrales, algunos trastornos mentales y las alteraciones del aprendizaje que interfieren con la capacidad de autocontrol. Algunos piensan que la hormona masculina, testosterona, también juega un papel en estos comportamientos, lo que explicaría en parte el hecho de que de cada diez crímenes violentos, ocho sean cometidos por varones.

De todas las hipótesis sobre el crimen ninguna ha ocasionado debates tan apasionados como la influencia de la estructura familiar en la formación del delincuente. Desde principios de siglo se ha expresado con fervor moral la alarma de que las familias «rotas» por la separación, el divorcio o la muerte de uno de los padres, constituyen el medio más fecundo para el desarrollo de la personalidad antisocial. El problema es que los defensores de esta teoría no suelen considerar la proporción mucho mayor de estos hogares que no producen criminales. Sospecho que estos análisis reflejan más un compromiso ideológico con el modelo de hogar tradicional que un intento serio de abordar las verdaderas fuentes del crimen.

El origen del criminal violento no radica en los nuevos modelos familiares o en las familias monoparentales, sino en los hogares patológicos azotados por el abuso, la explotación, el abandono, la inseguridad y las humillaciones. En las familias vapuleadas por los continuos malos tratos psicológicos y físicos y por la carencia absoluta de adultos que sirvan de modelos positivos con quienes los pequeños se puedan identificar. Las criaturas que crecen en este ambiente opresor se vuelven emocionalmente insensibles a estos horrores. Asumen que la fuerza es el único camino para resolver incluso las más pequeñas contrariedades o frustraciones.

El crimen también florece donde reinan el desequilibrio entre aspiraciones y oportunidades y la profunda desigualdad económica. Igualmente fecundas son las subculturas abrumadas por la droga, el alcoholismo, la discriminación, la pobreza, el desempleo, el fácil acceso a las armas, un sistema escolar inefectivo y una política penal deshumanizada y revanchista.

Los medios de comunicación, particularmente la televisión, alimentan las raíces del crimen violento con ráfagas de estímulos que ensalzan la agresión amoral o romantizan las conductas aberrantes sociopáticas. También fomentan la violencia los argumentos que celebran la agresión como método predilecto para solventar conflictos y las escenas que difuminan las fronteras entre los fines y los medios o borran los límites entre el bien y el mal.

Especialmente nocivos son los mensajes que refuerzan los estereotipos deshumanizantes y desesperanzadores de los jóvenes —sobre todo de los grupos minoritarios—. A la larga, estos programas terminan convenciendo a estos mismos colectivos de que no tienen otro destino que la marginación ni otra salida que la delincuencia. El resultado es la institucionalización de un proceso de condicionamiento social de trágicas consecuencias. No podemos perder de vista la función esencial que ejerce el grupo antisocial organizado en el proceso de supervivencia y de adaptación de tantos jóvenes que crecen traumatizados, indefensos, desahuciados, sin moral ni esperanza. Al unirse al agresor, estos adolescentes encuentran por primera vez significado y propósito en sus vidas, y adquieren un sentido de identidad y de poder que nunca experimentaron.

Pienso que esta marea sangrienta de delincuencia juvenil no es casual, incontrolable o inevitable. Podemos hacerla retroceder. Muchos de los factores que contribuyen a su existencia están bajo nuestro control. Quizá nuestro objetivo más inmediato sea lograr la convicción social, profunda y bien informada, de que las más costosas y fatídicas semillas del crimen son la deformación del carácter de los niños por medio de los malos tratos, del abandono y de la violencia. Estas agresiones malignas quebrantan en las criaturas el respeto por la dignidad humana, la compasión hacia el sufrimiento ajeno y el aprecio a la vida, sin los cuales, su comportamiento futuro está destinado a la psicopatía y a la destrucción.

(Septiembre de 1994.)

174

La explotación sexual de niños

En estos días se ha publicado en Nueva York la novela de Andrew Vachss *Batman: el colmo del mal,* en la que el popular guerrero de la capa negra emprende la lucha contra la industria de sexo infantil, en un país ficción al que llama Udon Khai. Se trata probablemente de Tailandia, el paraíso de los pederastas, donde la demanda de niñas y niños en los burdeles de Bangkok es insaciable. Aunque, según las noticias que me llegan de Sevilla sobre el caso Arny, Udon Khai pudiera también representar esa comunidad, tan cercana y tan querida. Cada año decenas de miles de turistas europeos del sexo visitan Tailandia en busca del placer con criaturas que a menudo no pasan de los doce años de edad, como denuncia la organización internacional Terre des Hommes.

La explotación sexual de niños es una de esas formas de violencia que la sociedad considera «increíbles», quizá porque todavía no está equipada para afrontar decididamente este gran problema, tan trágico como real. La suposición inmediata es que los agresores son personas anormales, psicóticas, obnubiladas por las drogas, o abrumadas por la ignorancia. Sin embargo, el abuso de menores no tiene fronteras de estados mentales ni de clases sociales. Lo que sucede es que los casos de corruptores de clase media o alta acontecen a puerta cerrada, a escondidas, y a menudo no se descubren durante largos períodos de tiempo.

Estudios recientes sobre la personalidad y motivación de los pederastas indican que no muestran ningún rasgo o comportamiento aparente que pueda ayudarnos a identificarlos. Son hombres y mujeres «normales» o incluso socialmente «respetables» que viven secretamente obsesionados con el abuso de criaturas. Se caracterizan por sus impulsos perversos encubiertos, compulsivos e irresistibles, por la falta de remordimiento, por la romantización absurda de sus ultrajes deliberados, y por la ausencia absoluta de compasión hacia sus víctimas.

Las mínimas probabilidades de rehabilitación de estos depravados plantean un enorme reto a la sociedad, pues no resulta fácil armonizar su derecho a la libertad —una vez que han cumplido la pena carcelaria—, y la protección de los miembros más inocentes de la comunidad. Precisamente el reconocimiento del talante incorregible de la mayoría de los pederastas determinó la institución en Nueva York de la «ley Megan». Esta ley, creada a raíz de que Megan Kanka, una niña de siete años, muriese en 1994 a manos de un reincidente en libertad condicional, obliga a los convictos de delitos sexuales contra menores a registrarse en el Ayuntamiento donde residen. Al mismo tiempo, requiere que las autoridades locales provean a los padres que lo soliciten el nombre, la dirección y la foto del ex delincuente.

El abuso sexual de criaturas ha ocurrido con regularidad a través de la historia en todas las culturas. Sin ir más lejos, en periódicos europeos del siglo XIX aparecen con una regularidad sorprendente descripciones estremecedoras de niños sometidos por adultos a tratos sexuales sádicos y aberrantes. Para conseguir a estos pequeños desgraciados, los torturadores ponían anuncios disimulados en los mismos diarios, ofreciendo dinero a sus cuidadores o progenitores.

Los niños atrapados en antros de vejaciones se enfrentan con retos formidables: deben adaptarse a un entorno amenazante y simultáneamente tienen que encontrar la forma de convivir con personas crueles que son indignas de su confianza. Buscan en vano un mínimo de seguridad en un medio que es hostil y peligroso. Pretenden el control de sí mismos en una situación de total subyugación y vulnerabilidad. Después de todo, el abuso sexual es una aflicción de indefensos.

Al sentirse completamente desarmados ante el abusador y ser conscientes de que cualquier forma de resistencia es inútil, los jovencitos adoptan una actitud de entrega, claudican, se rinden. Su mecanismo de autodefensa se desconecta, huyen mentalmente de la aterradora realidad, se distancian del mundo y de sí mismos, y finalmente pierden su identidad. La percepción del tiempo se perturba y experimentan su vida como si estuviera ocurriendo en un escenario fuera de ellos y a cámara lenta. Se sienten hipnotizados, aturdidos, anestesiados, como si una parte de ellos hubiese muerto. Algunos incluso desearían estar muertos.

Pronto los pequeños no tienen más remedio que fabricar un sistema de explicaciones que les ayude a justificar el abuso. Inevitablemente concluyen culpándose a sí mismos, convencidos de que la causa de su situación no puede ser otra que su maldad innata. Durante años revivirán las penosas experiencias como si estuvieran ocurriendo en el presente. Los detalles más dolorosos se entrometerán en su día a día y transformarán su existencia en una interminable pesadilla.

El conocimiento de estos sucesos se impone periódicamente en la conciencia pública, instigado por la noticia de un nuevo escándalo, pero raramente se mantiene activo por mucho tiempo. Ciertas transgresiones del orden social son demasiado repulsivas y chocantes como para aceptarlas abiertamente, por lo que entran en la categoría de lo inmencionable, de lo que hay que olvidar, o negar. No obstante, como expresó Elie Wiesel, premio Nobel de la Paz de 1986, ante la explotación de otros tenemos que tomar partido. La posición neutral ayuda siempre al opresor, nunca a la víctima. El silencio estimula al verdugo, nunca al que sufre.

En el campo de la salud pública encontramos sólida evidencia de la conexión, tan palpable como deprimente, que existe entre estas experiencias penosas infantiles y ciertos trastornos emocionales graves de la edad adulta. Las secuelas incluyen estados depresivos crónicos, alteraciones del carácter, alcoholismo, drogadicción, personalidad múltiple y hasta el suicidio.

La explotación sexual de niños es una realidad que ninguna sociedad se puede permitir ignorar. Aunque resulta casi imposible calcular la frecuencia de estos sucesos, pues son siempre secretos, los datos más fiables sugieren que en los países industrializados el 5 por 100 de las mujeres y el 2 por 100 de los hombres fueron víctimas de abusos sexuales durante su infancia. Afortunadamente, los índices generales de estos delitos están descendiendo lentamente. Esta tendencia esperanzadora parece estar relacionada con los avances que ha experimentado la posición social y económica de los niños, con el poder disuasor de leyes estrictas contra la corrupción de menores y con la continua renovación de la sociedad.

Parafraseando al psicólogo Erik Erikson, espero que, quizá algún día no muy lejano, adoptemos todos con convencimiento el principio de que el más grave y nefasto de los actos del hombre y la mujer es la mutilación del espíritu de un niño. Porque semejante daño socava el principio vital e indispensable de la confianza, sin el cual no es posible la supervivencia de la especie humana.

(Enero de 1996.)

VI
DE WASHINGTON A HOLLYWOOD

Durante los últimos años de periodista en el New York Times he estado aquí, en esta columna, considerando las grandes noticias del día. Pero las grandes noticias de hoy, en el fondo, son las mismas que cuando Juan Bautista dijo «ese que tiene dos abrigos, dé uno a quien no tiene ninguno». Esto es lo más importante que he aprendido en periodismo, que nuestra tarea es dar unos a otros.

ANNA QUINDLEN, Premio Pulitzer,
The New York Times, 1992

La guerra del Golfo y la identidad de Norteamérica

Norteamérica está lista para una guerra devastadora en Oriente Medio. Como un adolescente que tiene que probarse a sí mismo con retos temerarios, para lograr superar su crisis de identidad y descubrir quién es y cuál es su papel en la sociedad, esta joven nación percibe la guerra del Golfo como un dramático escenario donde representar su conflicto de identidad, y de paso vislumbra en ella una oportunidad para encontrarse a sí misma.

La crisis de identidad actual del pueblo americano es la consecuencia del choque entre la *América invencible* de la II Guerra Mundial y la *América vulnerable* que surgió del conflicto del Vietnam. Desde el final de la II Guerra Mundial hasta su derrota en Vietnam, el país disfrutó de una imagen rebosante de prepotencia y de supremacía moral. Seguro de sí mismo, se consideraba el defensor del mundo, como un *Superman* luchando incansablemente por la verdad, la justicia y el *American way*. La democracia, el individualismo, el capitalismo, y el potencial aparentemente sin límites de la ética del trabajo, eran ensalzados como valores indispensables para conseguir la felicidad. Como el niño que necesita ver el mundo en términos simples, lo bueno y lo malo, se obsesionaba con el comunismo, al que categóricamente juzgaba como el arquetipo del mal, el enemigo número uno de la humanidad, la antítesis de la bondad.

Norteamérica se sentía rica, grandiosa, repleta del ideas maravillosas, de logros enormes, de edificios gigantescos y de coches grandes. Sus avances espectaculares en el terreno de la ciencia y la tecnología continuamente avivaban su sentido de poder. Todo le era posible. Incluso la luna estaba a su alcance. Hollywood se encargaba de autoalimentar al pueblo americano y de diseminar al resto del mundo esta imagen de invencibilidad y de esplendor, mostrando sus glorias, sus ídolos, sus conquistas, sus romances y sus sueños.

Por si esto fuera poco, las políticas socioeconómicas de los años sesenta, destinadas a hacer realidad la visión de la *gran sociedad* de los presidentes Kennedy y Johnson, prometían erradicar la pobreza, la incultura y el racismo. Al mismo tiempo, Norteamérica abría sus puertas y se comprometía a compartir su riqueza generosamente con el resto del mundo. Todas estas circunstancias hicieron que la sociedad mantuviera una identidad grandiosa, optimista y llena de posibilidades ilimitadas. Tal como los sentimientos de euforia e invulnerabilidad que vemos en esos jóvenes adolescentes impetuosos que crecen en la abundancia, con pocos límites, sin desengaños ni frustraciones.

Sin embargo, en los últimos veinte años, una serie de acontecimientos han forzado al pueblo americano a cuestionarse profundamente su identidad de nación invencible e invulnerable. La inconcebible y humillante derrota tras doce años de guerra en Vietnam, junto con el incontenible movimiento pacifista interno, hicieron temblar la esencia de Norteamérica en lo más profundo de su ser. Confundida y con su autoestima dañada, comenzó a dudar, no sólo de sí misma sino de lo que estaba bien y de lo que estaba mal. El escándalo del Watergate y la caída de Nixon, en 1974, la hundió aún más en la desmoralización y, al mismo tiempo, intensificó el conflicto entre los románticos que se seguían agarrando al mito de *Superman* y los iconoclastas que insistían en derribar a los ídolos y a las imágenes ilusorias del país.

Durante los años ochenta, hasta los idealistas más recalcitrantes se descorazonaron al ver cómo otros superaban la tecnología americana. La marca *made in Japan* surgió como un signo de excelencia, tanto si se trataba de una cinta magnetofónica, de un ordenador o de un televisor. Increíblemente, los coches grandes, el emblema de Estados Unidos, fueron en gran parte sustituidos por modelos extranjeros más pequeños y eficientes. El final simbólico de la hegemonía tecnológica americana quedó trágicamente plasmado en la terrible explosión de la nave espacial *Challenger,* que se desintegró con siete astronautas dentro, en enero de 1986, ante millones de telespectadores estupefactos y horrorizados.

En contraposición a las promesas y expectativas de bienestar social de los años sesenta, la sociedad norteamericana de hoy se enfrenta a un sinfín de abrumadores problemas socioeconómicos. Problemas que, en comparación con el resto del mundo occidental, parecen haber alcanzado proporciones insólitas. Por ejemplo, no hay zona urbana o rural que no esté azotada por la plaga moderna de los *homeless,* miles de hombres y mujeres sin hogar que deambulan por las calles y que recuerdan a todo el mundo el escándalo moral del que son víctimas. En estos últimos años, también, los índices de pobreza y de analfabetismo han alcanzado niveles sin precedentes. De hecho, en la actualidad, el 14 por 100 de la población vive por debajo del nivel oficial de pobreza y cuarenta y ocho naciones aventajan ya a este país en la erradicación del analfabetismo.

En cuanto a la criminalidad, se ha batido este año un nuevo récord, ya que se llevan cometidos más de 23.000 homicidios. El estado de malestar social se hace evidente ante una tasa de mortalidad infantil que en áreas urbanas como Harlem asciende a veintiún niños por cada mil nacimientos, una proporción tan alta como la de países subdesarrollados, además de las alarmantes epidemias de droga y de sida, de las que Norteamérica es el epicentro del mundo occidental. Y con respecto al racismo, aunque se ha avanzado en la lucha contra las prácticas discriminatorias tan arraigadas, actualmente una de cada tres personas de color vive en la pobreza y uno de cada cuatro hombres jóvenes de raza negra ha pasado por el sistema de justicia criminal.

Por último, el sorprendente derrumbamiento del comunismo ha dado lugar a la desaparición del enemigo histórico y ha dislocado su esquema básico del bueno y el malo. Como consecuencia, la desorientación de la sociedad estadounidense se ha acrecentado: después de haber pensado durante décadas que el enemigo estaba fuera, ha descubierto que lo tiene dentro, que ella es quizá su mayor enemigo.

El conflicto del Golfo, aparte de su potencial de devastación apocalíptica, supone un desafío para esta joven nación, el de enfrentarse consigo misma para resolver su crisis de identidad. Según se desarrollen los acontecimientos, es previsible que el país salga de esta grave encrucijada más vulnerable que invencible, más tolerante que grandioso. De todas formas, independientemente del desenlace final, la eventual guerra obliga a este pueblo a cuestionarse sus valores y sus prioridades, y a sopesar, una vez más, el precio de la vida y el coste del sufrimiento humano.

(Enero de 1991.)

CONFLICTOS EN MESOPOTAMIA

Como los terremotos, las inundaciones, las epidemias y otras calamidades, las guerras parecen ser una parte inseparable de la ecología humana. Desde un punto de vista psicológico, las guerras son especialmente devastadoras porque nos producen un sentimiento de profundo fracaso, y nos enfrentan con las trágicas consecuencias del fallo de la comunicación, la cualidad más creadora del ser humano. En las guerras, el enemigo no es la fuerza de la naturaleza o un virus mortal. El enemigo es el mismo hombre.

Si bien la ruptura del diálogo es la constante de las guerras, cada contienda tiene su psicología, su historia, su geografía y, en definitiva, su propio carácter. En este sentido, la guerra en la antigua Mesopotamia ha evocado conflictos y dilemas sin precedentes en esta joven nación en crisis.

Para empezar, la guerra del golfo Pérsico se caracterizó por haber suscitado múltiples justificaciones, mas todas poco persuasivas. Por ejemplo, la excusa del petróleo parece demasiado trivial, la de establecer un nuevo orden en el mundo, demasiado abstracta, y la de liberar Kuwait, demasiado simplista. El sentimiento entre la gente es que los líderes, a pesar de sus razonamientos apasionados sobre guerras justas y el uso moral de la fuerza, no parecen haber hallado una explicación que convenza, que justifique la enormidad de lo sucedido. Y al no ofrecer una razón que tenga sentido, una gran parte de los ciudadanos se sienten vulnerables, suspicaces, desconfían de sus líderes y dudan de lo que está bien y de lo que está mal. De hecho, cuando observan a los protagonistas del enfrentamiento, la conclusión más frecuente es que ni los buenos parecen ser tan buenos ni los malos parecen ser tan malos. Por otra parte, como ocurrió con el conflicto de Vietnam, a mucha gente se le ha hecho difícil entender racionalmente una guerra tan lejana, en un lugar que casi no pueden identificar en el mapa.

La guerra del Golfo ha sido guerra de televisión. Cada día, coincidiendo asombrosamente con las horas punta de las noticias, llegaban las imágenes en directo, evocadoras, decisivas. La fiebre de la CNN ha conmovido a la sociedad, ha trastocado las rutinas de la vida diaria y ha invadido la familia, los colegios y los lugares de trabajo. Para algunos, en su mayoría hombres, la pequeña pantalla se ha convertido en un emocionante juego estratégico de vídeo, un escenario fálico repleto de aviones, carros de combate y bombas inteligentes. Misiles que siguen complicadas logísticas y logran impactos precisos y limpios en blancos distantes e impersonales. Para otros, generalmente mujeres, la guerra en televisión ha sido como una trágica serie, repleta de drama, de víctimas inocentes y de destrucción sin sentido.

Esta guerra no sólo ha puesto a prueba la tecnología de los medios de comunicación, sino que estimuló nuestra fantasía con imágenes relámpago, casi subliminales, de niños mutilados, aterrados, con sus máscaras antigás, o de cuervos marinos cubiertos de petróleo, desconcertados e indefensos. Víctimas impotentes que ni entendían lo que les pasaba ni podían hacer nada para evitarlo. Al mismo tiempo, los niños, a quienes por lo general no les atraen las noticias, se interesaron rápidamente por la guerra televisada. Hasta el punto de que expertos en psicología infantil, preocupados por el enorme aumento registrado en la incidencia de insomnio y ansiedad entre los pequeños telespectadores, y muy especialmente entre los 17.500 niños cuyos padres se encuentran en el frente, han emprendido una campaña pública de prevención. El consejo a los padres fue que los niños no vieran las noticias, y si lo hacían, que estuvieran acompañados por un adulto que les pudiera escuchar, dar apoyo y ofrecer explicaciones sencillas.

Las mujeres en la guerra han sido otra fuente de conflicto para esta sociedad. El Pentágono calcula que hay 27.000 mujeres, que en su mayoría se alistaron en el ejército en busca de un trabajo, de aventura o para aprender un oficio. Para la gran mayoría de observadores, la imagen de mujeres soldados en el campo de batalla, luchando, caídas o capturadas, es aún incomprensible. Esta realidad todavía se percibe como una contradicción que choca con el significado que la sociedad da al ser mujer, y especialmente al ser madre. Para los grupos feministas, sin embargo, estas soldados simplemente representan el hundimiento de la mujer al bajo nivel del hombre.

Como suele ocurrir en situaciones de crisis en Norteamérica, esta guerra ha reavivado el fuego del racismo: mientras el 12 por 100 de la población estadounidense es de raza negra, el 25 por 100 de las tropas estacionadas en el Golfo son hombres y mujeres de color. Muchos defienden que los negros son los que más se benefician de las oportunidades que ofrece el ejército voluntario en tiempos de paz: escapar del gueto, huir de la discriminación tan arraigada en la sociedad civil, buscarse un empleo. Incluso ven con cierto orgullo el que, por primera vez en la historia del país, el jefe del Estado Mayor, general Colin L. Powell, sea un negro. Pero la evidente desproporción entre blancos y negros que han luchado en esta guerra ha revuelto el pozo profundo de resentimiento entre las minorías que creen estar pagando un precio muy alto por algo que no han apoyado. Por otra parte, el coste astronómico de la contienda, que se calcula en quinientos millones de dólares al día, contrasta fuertemente con los insuficientes recursos destinados a abordar el sinfín de problemas socioeconómicos que existen en el país.

La guerra en la bíblica Mesopotamia, en la tierra del Tigris y del Éufrates, con su potencial de cataclismo químico, biológico y nuclear, ha avivado la creencia profética de que la humanidad está avanzando precipitadamente hacia su destrucción apocalíptica en Harmagedon. De hecho, la popularidad de los profetas, como Nostradamus, el médico francés del siglo XVI, ha alcanzado en estos días niveles extraordinarios incluso entre las personas que nunca han confiado en profecías. Pienso que las visiones fantasmagóricas y amalgamas de dragones de ojos y cabezas mútiples, enzarzados en luchas cósmicas, sirven para confortar a tanta gente que hoy se siente indefensa, impotente, sin control sobre sus vidas y destinos. El mensaje profético esperanzador es que detrás del caos en el que vivimos hay un poder sobrenatural que sabe lo que está haciendo, que vigila y dirige los acontecimientos. Esta fuerza mayor se encargará de convertir nuestro desamparo en victoria, y de convocar un día el juicio definitivo donde todas las cuentas del bien y del mal serán ajustadas.

(Marzo de 1991.)

EE.UU. Y EL FIN DE LA PESADILLA ROJA

El dramático golpe de Estado fallido en la Unión Soviética ha hecho resurgir un torrente de profundos sentimientos entre los hombres y las mujeres del pueblo norteamericano. Después de todo, no hace mucho tiempo, esta joven nación crecía angustiada por las pesadillas del monstruo rojo y las visiones espeluznantes del comunismo.

Los ciudadanos estadounidenses de más de cuarenta años recuerdan vívidamente y con aprensión los años de guerra fría. Muchos no han olvidado el estado de alerta constante y el temor a la invasión por sorpresa del *imperio del mal*. Otros evocan, todavía con sobresalto, los ejercicios de alarma en el colegio, en los que había que ocultarse precipitadamente debajo de los pupitres o huir al refugio atómico más cercano al sonido de sirenas, de campanas o de gritos de «¡que vienen los rusos!».

Durante años, el comité del senador McCarthy, con su fobia anticomunista, se encargó de marginar o encarcelar a los simpatizantes de la ideología soviética. Al mismo tiempo, Hollywood estimulaba la obsesión persecutoria con sus películas espectaculares sobre la gran amenaza roja, mientras diseminaba al resto del mundo la imagen gloriosa, de esplendor y de invencibilidad de Norteamérica.

Como ocurrió hace unos meses con el conflicto del Golfo, el pueblo se ha visto de nuevo conectado a la televisión. La fiebre de la CNN ha vuelto a brotar. Otra vez se han trastornado las rutinas de la vida diaria y la pequeña pantalla volvió a invadir la familia,

189

los lugares de trabajo y las vacaciones de verano. Las imágenes en directo, evocadoras y llenas de vida, proyectaron nuevamente una trágica serie. En definitiva, la crisis en Rusia se ha vivido principalmente como un evento visual.

Sin embargo, a diferencia de la guerra de Irak, en la que ni los buenos parecían ser tan buenos ni los malos parecían ser tan malos, en Moscú el argumento era fácil de entender. Los buenos, los malos, los héroes y las víctimas, estaban claramente identificados.

Durante las horas del drama, muchos veían horrorizados la posibilidad de una matanza sangrienta. Otros presagiaban el derrumbamiento de los ideales esperanzadores recién nacidos en la Unión Soviética: la democracia, la libertad, la apertura y la reforma, como si el sueño de la razón no hubiera tomado en cuenta la fuerza. Algunos vaticinaban con terror la resurrección del comunismo, el enemigo número uno de la humanidad, el arquetipo del mal, la antítesis de la bondad americana. La visión del nuevo orden mundial, con Saddam Hussein gobernando en Bagdad y los carros de combate de los descendientes de Stalin en las calles de Moscú, resultaba tan incomprensible como intolerable.

Sin embargo, para quienes el derrumbamiento reciente del comunismo en Europa del Este supuso el dislocamiento inesperado de su esquema vital del bueno y el malo, y, después de haber pensado durante décadas que el enemigo estaba fuera, empezaban a descubrir, con gran pesar, que Norteamérica era su propio enemigo, el posible resurgimiento del comunismo les ofrecía la oportunidad de recomponer su ecuación histórica del bien y del mal. Para este grupo, un golpe de Estado comunista con éxito hubiese permitido volver a desviar hacia fuera la atención y la culpa ahora vinculadas a los problemas masivos internos: la droga, el crimen, el sida, la alta mortalidad infantil, la pobreza, el racismo.

En ciertos sectores de la sociedad estadounidense, el golpe totalitario en Moscú también ha evocado una velada introspección. Pues a medida que el péndulo soviético oscila hacia la democracia, aquí se aprecia una creciente intolerancia de las instituciones hacia las libertades individuales, la diversidad y las reivindicaciones de los grupos étnicos y los colectivos marginados que forman el mosaico demográfico del país.

Por último, para la gran mayoría de los norteamericanos, las imágenes del drama, tan humanas y reales, han despertado un nuevo proceso de identificación con el pueblo ruso. Pues, contrariamente a la enseñanza que recibieron durante décadas, han visto con sus propios ojos que los hombres y las mujeres moscovitas viven, sienten, aman, sangran y mueren de la misma forma. Como muchos han comentado emocionados, «¡son gente como nosotros!». Lo paradójico es que la visualización en directo del golpe fallido ha servido, más que nada, para humanizar al pueblo soviético ante los ojos de Norteamérica.

(Septiembre de 1991.)

CAOS EN LOS ÁNGELES

El contrato social se ha vuelto a romper en Norteamérica. La asombrosa absolución del grupo de policías blancos que apaleó brutalmente a Rodney King ante millones de telespectadores horrorizados, ha detonado la bomba social del racismo. La anomia ha invadido la gran urbe de Los Ángeles, desatando sin control los impulsos humanos más primitivos y convirtiendo la ciudad en una necrópolis, capital de destrucción, epicentro de un terremoto de violencia racial y de venganza que ha sacudido hasta la medula a este pueblo, dejándolo aturdido.

En este escenario de caos, asaltos salvajes, saqueos vandálicos y quemas devastadoras, se ha representado crudamente el conflicto actual que vive la sociedad estadounidense. Después de haber pensado durante décadas que era invencible, ha descubierto que es vulnerable y que el racismo es su adversario más amargo y destructivo.

Aunque los prejuicios racistas no conocen fronteras y la historia de la civilización está repleta de costumbres discriminatorias basadas en el color de la piel, no hay duda de que este pueblo es internacionalmente considerado como el país arquetipo del racismo institucionalizado. Tal impresión se basa en que desde el principio ha existido una conciencia muy aguda de las diferencias raciales, que inexorablemente ha resultado en la segregación y explotación de las personas de color.

Hoy día millones de norteamericanos son de raza negra. Unidos a los millones de blancos, hispanos, asiáticos, indios y esquimales, forman un apasionante mosaico étnico. Desafortunadamente las piezas de este mosaico están separadas por una amplia brecha de racismo firmemente arraigada en lo más profundo de este pueblo. Nadie siente esta escisión más dolorosamente que los ciudadanos de color, para quienes el país todavía contiene dos sociedades, una negra y otra blanca, separadas y desiguales.

Las escenas dramáticas de Los Ángeles, desde el apaleamiento brutal de King hasta la orgía de odio y destrucción que desencadenó, han forzado a este pueblo a cuestionarse penosamente su imagen idealizada de nación rebosante de supremacía moral, defensora incansable ante el mundo de la verdad, la justicia y la democracia. Hace sólo tres décadas el sueño de «la gran sociedad» prometía erradicar de este país la pobreza, la ignorancia y el racismo.

La circunstancia de que este drama haya sucedido en Los Ángeles lo impregna de un simbolismo adicional, pues esta ciudad es la morada de Hollywood, meca publicitaria responsable de inmortalizar la estampa de omnipotencia y moralidad que este país exporta. Durante décadas, Hollywood se ha encargado de diseminar esta imagen de bondad y de esplendor. Pero, al mismo tiempo, la poderosa industria del cine también ha sido una fuerza notable a la hora de perpetuar en el celuloide y el vídeo los estereotipos étnicos negativos y de institucionalizar un proceso de condicionamiento racial de trágicas consecuencias.

El brutal drama de Los Ángeles ha sido también un fenómeno televisivo que ilustra una profunda fascinación por la violencia. De hecho, si consideramos los dos instintos identificados por Sigmund Freud, el instinto sexual o de vida y el instinto de agresión o de muerte, la atracción de la sociedad estadounidense hacia la pasión por destruir ha sido históricamente superior a su interés por el impulso sexual.

No obstante, la violencia no es un fenómeno privativo de Norteamérica. Basta repasar la historia de la humanidad, desde los grotescos circos romanos hasta las guerras mundiales y conflictos civiles modernos, pasando por los aniquilamientos de razas enteras, para horrorizarse de las atrocidades que los hombres cometen asiduamente contra sus compañeros de vida. En Estados Unidos, gracias a la omnipresencia de la televisión la agresión maligna es tan real como la puesta del sol. Su presencia en la vida diaria es constante y su exhibición pública se realiza con escasas cortapisas, salvo en casos como el del juez que opinando que airear los brutales minutos que se tarda en matar legalmente va más allá de la decencia, impidió que se televisara en directo la ejecución de Robert Alton Harris en la cámara de gas de la prisión de San Quintín de San Francisco.

El caos de Los Ángeles también nos revela las limitaciones del teleobjetivo. Lo que vimos en la pequeña pantalla fue sólo una parte del acontecimiento en cuestión. No reflejó ni las raíces ni las causas de este desastre histórico. No se vieron los años de frustración y resentimiento acumulados, ni el verdadero horizonte de desesperanza y desmoralización, ni la irrevocabilidad de la pérdida de fe en un sistema ignorante e irracional que tolera la deshumanización de una raza, que permite al torturador actuar en público, y que transige con la absolución del tirano.

(Mayo de 1992.)

CLINTON Y LA VICTORIA DE LA AMBIGÜEDAD MORAL

La derrota de George Bush y el triunfo de Bill Clinton en las elecciones para presidente de Estados Unidos reflejan un cambio importante en el carácter de esta joven nación: la evolución de una mentalidad extrovertida, saturada de principios morales simples, claros y absolutos a otra más introvertida, complicada y equívoca, cargada de normas de moralidad ambiguas.

George Bush, nacido en 1924 dentro de una familia acomodada, tradicional e intacta, y condecorado profusamente por su intrepidez militar en la II Guerra Mundial, representa una histórica etapa de valores categóricos del bien y del mal muy arraigados en la *América invencible* que surgió de aquella conflagración global. Una nación rebosante de grandeza y supremacía moral, proyectada gloriosamente al exterior por Hollywood, defensora del mundo, como un *Superman* luchando sin descanso por el honor, la verdad y la justicia. Bush personifica un pueblo arrogante en el que el individualismo y el potencial sin límites del capitalismo y de la ética del trabajo eran ensalzados como valores únicos e indispensables para conseguir la felicidad. Un país poderoso y optimista, pero también inmaduro e impulsivo.

Bill Clinton, nacido veintidós años más tarde en el seno de una familia modesta, poco convencional y con dificultades —tres meses antes de nacer murió su padre; su padrastro era alcohólico y su hermano ha sido drogadicto—, eludió ir al Vietnam y ser reclutado por el ejército. En cierto sentido, Clinton simboliza la ambigüedad y los conflictos internos de la *América vulnerable* que emergió de la guerra de Indochina, y refleja una generación en crisis de identidad, con su autoestima dañada, iconoclasta y dubitativa de lo que está bien y de lo que está mal. Un pueblo expuesto, por un lado, a la pobreza, la violencia, las tensiones raciales, las drogas y la plaga del sida, y, por otro, a cambios tan complejos como desconcertantes en el ámbito de la familia, la mujer y la procreación.

Clinton representa un país que ha descubierto, finalmente, que el enemigo lo tiene dentro. La transformación de esta sociedad está en parte relacionada con su progresiva urbanización. Hoy, tres de cada cuatro norteamericanos viven en áreas metropolitanas, veinticinco millones más que hace diez años.

Además de la inquietud por la situación económica de la nación, los valores de la familia han sido también intensamente debatidos en estas elecciones. En ningún otro momento de la historia de este país se ha deseado y defendido tan apasionadamente la libertad de elegir sobre las relaciones personales, la división del trabajo y la sexualidad. Es evidente que el modelo de familia compuesto por el padre que trabaja fuera del hogar, la madre ama de casa y los hijos, se encuentra en decadencia. De hecho, en la actualidad casi una de cada cuatro mujeres que dan a luz es soltera, uno de cada dos matrimonios contraídos desde 1970 terminará en divorcio, el 30 por 100 de las familias con hijos menores de dieciocho años están encabezadas por un solo padre, generalmente la madre, y el 60 por 100 de las madres con hijos menores de seis años trabajan fuera de casa.

No hay duda de que las realidades sociales y económicas se han encargado de transformar las expectativas convencionales del hombre y de la mujer, y el prototipo de familia tradicional, en reliquias del pasado. Al mismo tiempo, el movimiento feminista ha sido un agente de cambio para ambos sexos, y mientras las mujeres se están liberando de los estereotipos del pasado, los hombres se deshacen de una imagen varonil dura y anticuada. Otro tema amargamente polemizado en la campaña electoral ha sido el aborto. Para la mujer de hoy la capacidad de controlar su vida reproductiva es un ingrediente de la libertad al que no puede renunciar, una condición necesaria para poder participar en igualdad de condiciones en la vida económica y social de nuestro tiempo. El planteamiento sobre el aborto ha sido en estos comicios una cuestión de reconocer el derecho de la mujer a tomar decisiones que implican enormes consecuencias para su cuerpo y para su futuro.

En cuanto al controvertido debate sobre las drogas, se ha puesto de manifiesto que cualquier estrategia que se adopte para atajar esta epidemia tendrá que venir respaldada por políticas sociales y económicas consecuentes. Pero el desarrollo de estas políticas exige que, antes que nada, la sociedad encuentre un equilibrio entre el abordaje terapéutico y las medidas penales, entre los valores que exaltan el placer y los que glorifican el autosacrificio, entre su compromiso con las libertades del individuo y su tolerancia hacia su autodestrucción.

Por otro lado, la plaga del sida, que desde 1984 ha infectado a más de un millón de norteamericanos, no sólo ha asestado un golpe devastador a la ilusión de poder de esta nación, sino que además ha enfrentado a este pueblo, obsesionado con la eterna juventud, con el terror de la muerte temprana y con sus fobias sociales. El sida ha forzado a esta sociedad a tratar de equilibrar valores conflictivos, como la libertad personal y la salud pública, el derecho a la intimidad y el derecho a conocer.

Sospecho que a medida que Norteamérica abandona el talante prepotente de supremacía moral, desecha el abordaje absolutista y adopta una posición más respetuosa hacia los demás pueblos y sus circunstancias, este país se enriquece y fortalece, al sentirse genuinamente parte de un todo que es mayor.

En este histórico plebiscito, los hombres y las mujeres, desilusionados del *sueño americano* y conscientes de que la vida es cada día más compleja y nos obliga constantemente a elegir entre valores encontrados y entre medios y fines que se confunden, han rechazado el clásico paradigma simplista del bueno y el malo, un modelo ingenuo y absoluto que no permite el término medio y que ha dejado de ser útil. Pienso que en estas elecciones los ciudadanos han repudiado la imagen del líder imperioso, autoritario e impulsivo, y han abrazado la figura de un jefe más prudente, comprensivo y tolerante, aunque esto implique un carácter más ambiguo y vulnerable.

(Noviembre de 1992.)

Vivir con el sida

Hoy vivimos con el sida, la *plaga de las ciudades*. El reto que nos plantea esta dolencia mortal es abrumador. Baste citar el ejemplo de la ciudad de Nueva York, considerada el epicentro de la epidemia en el mundo industrializado y donde el mal es ya la causa más frecuente de muerte entre hombres y mujeres de veinticinco a cuarenta y cinco años de edad: 33.500 personas infectadas por el virus han fallecido desde que se identificó la enfermedad. En esta metrópoli no queda nadie que no haya visto a un familiar, a un amigo, a un colega o a un vecino desaparecer prematuramente, víctima de la enfermedad.

El sida supone un desafío formidable para el contrato social y para la capacidad de enfrentarnos tangiblemente a nuestra inescapable mortalidad. Aunque la prueba diagnóstica ha estado disponible desde 1985, la mayoría de los infectados desconoce su situación y, de hecho, mientras están libres de síntomas, eluden la dura verdad. Al no existir una cura definitiva, todos los infectados mueren en un período que rara vez sobrepasa los doce años.

Conscientes de la impopularidad de la enfermedad, de su realidad devastadora, y del coste prohibitivo de las atenciones médicas, durante los primeros años de su propagación pocos cuestionaron la negación universal de la existencia de una epidemia. Fue necesario que se amontonaran los muertos y que los medios de comunicación confirmaran el aumento dramático de la plaga entre hombres heterosexuales, mujeres y niños, para que las autoridades y la comunidad en general reconocieran públicamente la magnitud de la epidemia y buscasen una explicación colectiva a la terrible enfermedad.

En la antigüedad las epidemias se explicaban desde un contexto espiritual o religioso, en los términos de la relación del hombre con Dios. Desde el siglo XVII, sin embargo, las interpretaciones sobrenaturales de las plagas han dado paso a hipótesis más terrenales, basadas en problemas médicos o en costumbres nocivas. Por ejemplo, durante la epidemia del cólera del siglo XIX se consideraba que la glotonería, el alcoholismo y la mala higiene personal predisponían a contraer la enfermedad. Pero incluso hoy en día los razonamientos moralistas siguen siendo ingredientes importantes a la hora de interpretar una calamidad.

Aceptar que existe una epidemia exige antes la creación de un esquema mental colectivo que explique su aterradora arbitrariedad, y que reduzca de paso el sentimiento de miedo y de vulnerabilidad de la mayoría. Este proceso implica la identificación de factores de riesgo, de predisposición o de susceptibilidad entre los afectados, factores que a menudo son utilizados para justificar la marginación y el rechazo de los afligidos por parte de los individuos sanos.

Ante la epidemia del sida, la sociedad incluyó entre sus explicaciones ciertos argumentos morales y religiosos. En el proceso de dilucidar la situación, algunos aprovecharon la oportunidad para expresar con un nuevo lenguaje viejos resentimientos y, de paso, culpar a los propios enfermos. Lo cual no resultó difícil ya que, por lo general, se trataba de grupos históricamente demonizados: homosexuales, drogadictos, y minorías étnicas inmigrantes. Sólo a unos pocos escogidos se les ha considerado víctimas inocentes dignas de compasión, como ocurrió con el tenista mundialmente famoso Arthur Ashe o con el célebre jugador de balancesto Magic Johnson. Pronto se hizo evidente que además de un reto formidable para la ciencia médica, el sida supone un desafío extraordinario a nuestros principios más básicos de convivencia.

La epidemia ha alterado costumbres y conductas. Para empezar, el cuestionamiento del aventurismo en las prácticas sexuales ha beneficiado a la industria multimillonaria de la pornografía, que ha aprovechado el lema del sexo seguro para exaltar las ventajas de la excitación sexual a distancia, por medio del vídeo, o a través de llamadas telefónicas que ofrecen con éxito extraordinario en los medios de comunicación los comerciantes del sexo.

Los estragos brutales entre la población homosexual masculina no tardaron en hacer ver a estos colectivos que su silencio y su parálisis equivalían simplemente a su extinción. Un resultado evidente del intenso proceso educativo de estos grupos ha sido el cambio de estilo de vida entre el mundo *gay,* cuyos miembros han abandonado la promiscuidad sexual en favor de la relación estable de pareja. De hecho, en corto tiempo se han conseguido éxitos preventivos importantes que sólo quienes están motivados por el peligro de muerte inminente pueden lograr.

Tampoco la población de toxicómanos ha sido ajena a los cambios de conductas a causa del síndrome mortal, a pesar de que estos grupos han sido tradicionalmente muy poco receptivos a las campañas preventivas. En este sentido, se ha detectado, por una parte, un mayor interés por participar en programas de esterilización o distribución de jeringuillas, y, por otra, un claro aumento en la preferencia por fumar, inhalar o *esnifar* la heroína y la cocaína frente al uso de la más arriesgada vía intravenosa.

Aunque la epidemia también ha influido en el estilo de vida y los hábitos sexuales de hombres y mujeres heterosexuales, su impacto sobre el comportamiento de este sector ha sido desgraciadamente limitado y transitorio. Es cierto que durante un tiempo aumentó la popularidad del sexo seguro, de la monogamia, y del uso de profilácticos. Sin embargo, según un estudio reciente realizado en Estados Unidos sobre diez mil adultos, estos cambios de actitud se están olvidando: se calcula que entre los heterosexuales adultos que viven en áreas urbanas, que tienen múltiples relaciones sexuales, y que por la variedad de las mismas están dentro del grupo de alto riesgo de contraer el sida, sólo el 13 por 100 usa preservativos.

Todas las enfermedades son metáforas, símbolos que absorben y reflejan el carácter de sus víctimas y de la ecología psicosocial con la que se relacionan. El sida simboliza la dolencia de la promiscuidad, de la concupiscencia, del abandono al sexo furtivo y a las drogas. Además epitomiza el sufrimiento humano, la discriminación, el aislamiento social, la ruina de la juventud y la muerte prematura. Quizá sea por estas terribles connotaciones por lo que la mayoría heterosexual se aferra a la ilusión tan humana de prepotencia e invulnerabilidad. Como escribió Albert Camus en *La peste,* «nuestros conciudadanos no eran más culpables que otros; simplemente se olvidaron de ser modestos, eso es todo, y pensaban que todavía todo era posible para ellos, lo cual daba por supuesto que las plagas eran imposibles. Continuaban haciendo negocios, planeando viajes y teniendo opiniones. ¿Cómo hubieran podido pensar en la peste, que suprime el porvenir, cancela los planes y silencia las discusiones? Se creían libres, pero nadie será libre mientras haya plagas».

(Marzo de 1993.)

O. J. Simpson y la fascinación por la violencia

O. J. Simpson, el célebre jugador de rugby, ha sido acusado en Estados Unidos de haber asesinado brutalmente a puñaladas a su ex mujer Nicole, que era de raza blanca, y a un amigo de ella. Este héroe de la minoría negra y paradigma del sueño norteamericano, está siendo juzgado en Los Ángeles por un jurado.

Para algunos, la historia de Simpson es la desgracia de un ídolo caído. Para otros, es la odisea personal de un hombre enloquecido por los celos y embrollado en un crimen pasional. No pocos creen que estamos ante otro caso premeditado de racismo, de abuso y de vejación de un personaje de raza negra por parte de la trama hegemónica blanca, un evento parecido a la injusta absolución de los policías blancos que apalearon al joven negro Rodney King hace dos años ante millones de telespectadores horrorizados.

Muchas mujeres, conocedoras de las amenazas y palizas que, según sus antecedentes policiales, Simpson propinaba periódicamente a Nicole, sienten que este morboso suceso refleja crudamente la forma que tienen ciertos hombres de concebir el mundo en general y el de las mujeres en particular. Estas mujeres sostienen que estamos ante el drama de una esposa aterrorizada y maltratada por un marido que, como tantos otros, pensaba que no hacía nada malo. Ante la tragedia de la agonía de una madre salvajemente asesinada mientras sus hijos pequeños dormían al otro lado de la puerta.

Además de ofrecer todas estas perspectivas, la versión televisiva en directo de la historia y del proceso de Simpson representa una extraña y emocionante novela de misterio, una combinación de magia tecnológica e hipnosis colectiva. Las intrigas que configuran el argumento del doble asesinato son profundamente intoxicantes. El *caso Simpson* se ha convertido en la telenoticia más apasionante y sensacional del momento. La cámara de televisión se ha vuelto a transformar en el ojo universal a través del cual buscamos colectivamente satisfacer nuestro instinto de *voyeur*, de curiosos mirones, de excitarnos con escenas y fantasías de dominio, de agresión y de venganza.

Desde el amanecer de la civilización y en casi todas las culturas, un ingrediente esencial de la violencia humana ha sido su atractivo como espectáculo, su función lúdica. Los antiguos romanos representan el paradigma histórico de este fenómeno. En su búsqueda incansable de vivencias que llenaran momentáneamente el vacío de sus vidas, y conscientes de que para mantener vivas las sensaciones los órganos de los sentidos requieren estímulos cada vez más intensos, acudían diariamente al circo, donde aplicaban una diabólica inventiva a la tortura humana. En la arena, se exhibían todo tipo de actos sexuales sadomasoquistas y sacrificios humanos de un salvajismo y crueldad extraordinarios.

Durante siglos, incluyendo el siglo XIX, los ajusticiamientos de hombres y mujeres convictos de algún crimen o rebeldía constituyeron rituales públicos morbosamente creativos. Existen muchos relatos de multitudes estupefactas que enmudecían y se quedaban en suspenso al golpe seco de la guillotina, al oír los quejidos de los reos en la hoguera, al sonido del clic de la trampilla que se abría bajo los pies del ahorcado, o ante la figura del hombre con el cuello roto meciéndose torcido al final de la soga.

Se cuenta que Charles Dickens iba paseando por Londres una mañana de noviembre de 1849, cuando se encontró con un gentío que se agolpaba para presenciar un ahorcamiento. La muchedumbre, con ánimo de orgía, se reía y canturreaba mofándose de la condenada, una tal señora Manning. Ese mismo día, Dickens escribió en el *Times:* «Hoy he presenciado un espectáculo tan inconcebiblemente horroroso como la perversidad y frivolidad de la inmensa muchedumbre... Cuando el sol radiante salió, dio brillo a miles de caras alzadas, tan indeciblemente odiosas en su regocijo brutal que cualquier hombre hubiera tenido motivo para sentirse avergonzado de la faz que portaba.»

El atractivo de la violencia como espectáculo no ha desaparecido con los frutos de la evolución y del progreso. De hecho, muchos hombres y mujeres actuales no se encuentran psicológicamente muy lejos de los patricios romanos de antaño o de los londinenses entusiasmados ante las ejecuciones. El equivalente moderno del circo o del patíbulo son las escenas que disemina la industria de la televisión, destinadas a representar con el mayor realismo posible toda la variedad existente de violencia entre las personas.

Las poderosas ondas hercianas hacen que nos encontremos ante un escenario que, sospecho, ni siquiera Charles Dickens se hubiera podido imaginar. En lugar de tener que estar de pie en una calle fría y lluviosa, rebosante de ruidosos concurrentes, hoy podemos recibir la dosis diaria de sadismo y de agresión maligna a través de la pequeña pantalla, en la comodidad de nuestro cuarto de estar o dormitorio.

Mas, ¡cuidado! Atacar al medio televisivo es como matar al mensajero de otros tiempos. Porque a la vez que vemos la televisión se puede decir que la televisión nos estudia, aprende sobre nosotros y, al final, nos ofrece el producto que ansiosamente buscamos. En realidad, el contenido de un programa no dice tanto sobre el medio que lo transmite como del público que lo contempla.

Pienso que al televisar la agresión maligna humana no la hacemos peor, simplemente la hacemos una realidad inescapable, y nuestro papel de cómplices es innegable. Pues lo peligroso de estar sentados delante del *ojo televisual* no es sólo mirar, sino además participar, aunque sea indirectamente, en este tipo de función que celebra las conductas aberrantes y permite a los verdugos actuar en público. Las imágenes *en directo* del drama de O. J. Simpson nos obligan a reflexionar sobre nuestra fascinación por la violencia y, paralelamente, a cuestionar nuestro papel como promotores de ella.

(Octubre de 1994.)

OJO POR OJO EN NUEVA YORK

Uno de los resultados de las históricas elecciones legislativas del pasado mes de noviembre en Estados Unidos fue la inesperada elección de George Pataki como nuevo gobernador del estado de Nueva York. Este republicano del ala más conservadora de su partido no ha dudado ni un momento en ratificar su promesa electoral de restaurar inmediatamente la pena de muerte en la silla eléctrica. Para los convencidos de que el pueblo neoyorquino es tolerante, generoso y autocrítico, este acontecimiento ha sido tan inesperado como repugnante. Los expertos en ciencias sociales, sin embargo, no se han sorprendido, pues son conscientes de que la trama cultural norteamericana está impregnada de violencia.

En 1890, William Kemmler, convicto de haber asesinado salvajemente a hachazos a otro hombre para robarle, pasó a los anales de la historia penal por ser el primer reo que moría en la silla eléctrica. Este método de matar personas, introducido en la prisión neoyorquina de Sing Sing dos años antes, fue muy celebrado entonces por sus cualidades tanto científicas como humanas, ya que utilizaba la electricidad y producía la muerte instantánea sin dolor. En las siguientes décadas, 614 asesinos fueron legalmente electrocutados en Nueva York.

En 1963, Eddie Mays pagó con su vida el asesinato de una mujer durante un robo en una taberna del barrio de Harlem. Mays también tiene un lugar en la historia. Cuando le abrocharon el cinturón de la silla eléctrica de Sing Sing, se convirtió en la última persona ejecutada por el estado de Nueva York. Hasta ahora.

Desde el amanecer de la civilización, cientos de miles de hombres y mujeres han pagado con su vida una amplia gama de transgresiones privadas y públicas. Originalmente, el homicidio como instrumento de ajuste de cuentas —«la justicia salvaje», según Francis Bacon— formaba parte integrante de un orden social basado en la autodefensa y la fuerza bruta e implacable. Una vez que surgió la idea del Estado, los ajusticiamientos pasaron de manos de los ofendidos y de los vigilantes autonombrados a la autoridad colectiva. Durante siglos, prácticamente todo delito considerado grave, de acuerdo con las normas culturales de la época, era castigado sin reservas con la muerte.

La historia de la pena de muerte es ciertamente horripilante. El ingenio del ser humano para hacer sufrir a sus semejantes nunca ha sido mejor demostrado que en los métodos de ejecución. Las muertes eran intencionalmente crueles y planeadas con el fin de prolongar la agonía lo más posible. Estos espectáculos morbosamente creativos daban un reflejo aterrador a la venganza pública, reivindicada unánimemente tanto por el clero como por las autoridades laicas hasta el siglo XIX. Sólo en los últimos treinta años se ha producido una tendencia casi universal hacia la abolición de la pena.

Hoy todavía se mata legalmente en treinta y siete estados de los cincuenta que componen Norteamérica. Según datos oficiales, en 1993 se llevaron a cabo treinta y ocho ajusticiamientos, y, en estos momentos, 2.930 reos esperan en la antesala de la muerte. La pena capital disfruta en este joven país de una popularidad casi desenfrenada. De hecho, en una encuesta reciente, el 75 por 100 de los participantes favorecía la ejecución como castigo por asesinatos cometidos con especial premeditación y ensañamiento.

Los defensores de la sanción máxima ven en este castigo un ingrediente indispensable del contrato social y de la seguridad pública. Más preocupados por el derecho de expiación y de justicia de las víctimas que por la vida de los criminales, razonan que ante un asesinato cualquier condena que no sea la muerte devalúa el significado de la vida, por lo que ven en la sentencia capital una solución eminentemente equitativa. Un argumento más utilitario es el poder disuasorio de la pena, la única barrera real que, según ellos, sirve para refrenar a los psicópatas asesinos en potencia y salvar vidas inocentes. Además, al eliminar al criminal de este mundo se evita toda posibilidad de reincidencia. Después de todo, pocos criminales fallecen de muerte natural en la cárcel.

Quienes se oponen a la pena capital consideran que es inmoral y cruel, un acto desesperado y rudimentario de revanchismo. Varios estudios demuestran que la aplicación de la sentencia de muerte está infectada de arbitrariedad, discriminación y racismo. Desde 1970, cuarenta y ocho condenados a morir consiguieron ser exculpados tras demostrar posteriormente su inocencia. Los hombres negros están desproporcionadamente representados entre los condenados, mientras que casi todas las víctimas de delitos capitales son blancas.

Yo creo que el supuesto valor preventivo de los ajusticiamientos es una ficción. Las entrevistas con los condenados a muerte indican que son contados los que pensaron, incluso fugazmente, en la ejecución mientras cometían el crimen. Como adolescentes impulsivos, creyeron que sus actos no tendrían consecuencias. Por otra parte, los índices de homicidio en estados con pena de muerte —como California, Florida o Texas— no son más bajos que en los estados sin ella. En cuanto al coste —aun sin calcular el precio para una sociedad cuya respuesta a una matanza es otra matanza—, debido al largo proceso legal, las ejecuciones suponen a Hacienda unos dos millones de dólares por cabeza, el triple de lo que costarían cuarenta años de estancia en una prisión de alta seguridad. En el fondo, el debate se reduce a cuánto estamos dispuestos a pagar por desquitarnos, por dar su merecido al criminal, en definitiva, por vengarnos.

La venganza es un sentimiento universal y eminentemente humano que posee la intensidad de una pasión, la fuerza irresistible de un instinto y la compulsión de un reflejo. De hecho, bastantes hombres y mujeres, aun a costa de enormes privaciones, dedican toda su existencia a satisfacer con una vehemencia escalofriante su «sed de venganza». Algunos dan la vida en este empeño.

Los temas mitológicos y las tramas religiosas rezuman venganza. Los códigos antiguos de Hamurabi o el de Moisés, por ejemplo, aunque contenían el precepto moral de «¡no matarás!» aplicaban con frecuencia el castigo con la muerte. El Éxodo resume la proverbial ley del talión: «Vida por vida, ojo por ojo, diente por diente, mano por mano, pie por pie, quemadura por quemadura y herida por herida.» El Libro de los Salmos nos advierte que «el justo se regocijará cuando sediento de venganza se lave sus pies en la sangre del malvado». A pesar de ciertos mensajes fraternales y piadosos, el castigo divino en el Nuevo Testamento es inexorable: en el infierno no existe el perdón ni la posibilidad de libertad provisional.

La venganza a través de la civilización ha impregnado la identidad de muchos ídolos legendarios, desde Aquiles, Ulises o Hamlet, pasando por Montesquieu, Kant o Goethe hasta los vengadores solitarios actuales como Rambo, Superman o Batman, que motivados por un sentido elemental de injusticia, utilizan poderes excepcionales para satisfacer los anhelos revanchistas colectivos, haciendo pagar violentamente y con placer a los malvados.

A lo largo de la historia, quitarle la vida a otro ser humano ha sido considerado el acto supremo de venganza, pues termina irreversiblemente con el criminal, cancela su deuda con la sociedad y anula mágicamente la ofensa. Quizá sea el seductor «ojo por ojo» el motivo por el que tantos representantes del pueblo abrazan la pena de muerte y glorifican «la política de Coliseo Romano» a la hora de abordar el intrincado problema del crimen y el castigo.

Pienso que, en el fondo, la pena de muerte, más que un tema de urnas, es una cuestión profundamente personal y emotiva. Un dilema humano que no será resuelto mientras, impulsados por la venganza, persigamos la aniquilación de quienes quebrantan nuestras vidas, y optemos, aun perdiendo parte de nuestra humanidad, por desquitarnos y saldar las cuentas con los criminales sociópatas adoptando una versión aproximada de sus tácticas.

(Noviembre de 1994.)

EL PROBLEMA DE LA VIDEOCRACIA

Desde los albores de la civilización los seres humanos hemos seguido con gran emoción, interés y paciencia las noticias de los delitos más espectaculares del momento. Si actualizáramos la célebre advertencia del poeta romano del siglo I, Juvenal, sobre el poder seductor de los circos, diríamos que, hoy, las masas, por excitadas que estén, pueden ser siempre aplacadas temporalmente con «pan y vídeos».

En contraste con los antiguos romanos, quienes en su búsqueda incansable de experiencias que llenaran el vacío de sus vidas acudían diariamente al ensangrentado coliseo, las personas normales de ahora no disfrutan de escenas auténticas de tortura o de sadismo. Observar cómo un ser humano somete a otro por la fuerza, le causa dolor o incluso la muerte, sólo deleita al espectador si éste, a un nivel más o menos consciente, sabe que la escena no es veraz. De hecho, con el fin de preservar el valor lúdico de los sucesos más macabros, las cadenas televisivas suelen mantener las imágenes cruentas verídicas a una distancia segura.

Hoy, sin embargo, presenciamos un nuevo fenómeno como consecuencia de autorizar la entrada de las cámaras de televisión dentro de las salas de los tribunales —en Estados Unidos existe un canal dedicado exclusivamente y sin interrupción a retransmitir juicios sensacionales—. Estos programas de juicios son muy populares. De hecho, los últimos años han proporcionado una teleserie interminable de dramas judiciales sobre acusaciones extraordinarias de abuso de autoridad contra líderes políticos y otros crímenes siniestros, incluyendo la denuncia de acoso sexual contra el juez del Supremo, Clarence Thomas; la venganza morbosa del «pene cortado» por Lorena Bobbitt a su marido abusador, y el más reciente doble asesinato atribuido al célebre jugador negro de rugby, O. J. Simpson.

Cada día los telespectadores se interesan más por las intrigas del proceso legal. Aunque los juicios ficción —como las series de Perry Mason o La ley de Los Ángeles— casi siempre concluyen con un giro inesperado, mientras que las historias reales no siempre tienen un final emocionante, la curiosidad de la audiencia por el veredicto se aviva cuando se siente próxima a los hechos. Lo fascinante de estos casos es la dinámica cautivadora del sistema de justicia, las maquinaciones de los abogados y, sobre todo, su aparente realismo.

Una consecuencia positiva de la videocracia legal es que fomenta las charlas y discusiones en la calle. Es curioso que la atracción por estos telejuicios haya creado una especie de plaza de pueblo en la que, en lugar de chismorrear sobre nuestros vecinos —de quienes cada vez sabemos menos—, lo hacemos sobre personalidades embrolladas en delitos morbosos o saqueos a gran escala de los contribuyentes. En cierto sentido, resulta paradójico que esta fascinación colectiva por los juicios de crímenes reales y de delitos sangrientos en la televisión suponga una oportunidad para tratar con los demás, para compartir, para comunicarnos.

La otra cara de esta moneda es que estos programas reflejan los problemas de la videocracia cuando el objetivo no abarca el acontecimiento en cuestión en todo su alcance pero pretende que lo hace. Y es que los medios frecuentemente manipulan la frontera entre lo que es cierto y lo que no lo es. Perpetúan los estereotipos del bueno y del malo, simplifican las situaciones y los caracteres, o cubren con una capa de superficialidad muchos temas complejos, haciéndolos más comprensibles y atractivos para el público. En la videocracia la verdad pierde relevancia y es superada por el sensacionalismo, por el drama. Como consecuencia, el ambiente está saturado de imágenes que más que representar la verdad son simplemente vendibles. Después de todo, su misión es seducir al espectador para que «se trague» la medicina de la publicidad. Por esta razón, creo que los juicios televisivos son más espectáculo que referencia histórica.

Mas, ¡cuidado!, atacar al medio de comunicación es como matar al mensajero de otros tiempos. Porque la televisión nos ofrece el producto que buscamos. Los mensajes, las representaciones y los argumentos que se transmiten por el tubo mágico dependen sencillamente del gusto del espectador.

Creo que es saludable que se televisen los juicios. Es importante que veamos, en directo, cómo funciona la justicia. Pero no debemos hacernos ilusiones exageradas sobre los beneficios del espectáculo. La videocracia es limitada y engañosa.

Independientemente del número de cadáveres que acaban esparcidos por el escenario cuando baja el telón, una tragedia de verdad nos sirve de purga emocional, de catarsis liberadora que nos limpia de impulsos y deseos inconfesables. Sin embargo, la mayoría de los telejuicios multitudinarios, en lugar de proveer el alivio catártico, dejan al pasar un rastro pegajoso colectivo de resentimiento, cinismo, desconfianza y división. Porque las pasiones que estos procesos encienden no se disipan con la sentencia del jurado. Una vez que el juicio del encausado famoso concluye, el de nosotros, los espectadores, inevitablemente comienza.

(Octubre de 1995.)

213

VII
CONTROVERSIAS Y DESAFÍOS

La vida es corta, el arte duradero, la crisis efímera, la experiencia arriesgada y la decisión difícil.

HIPÓCRATES, *Aforismos,* 400 a. C.

Las drogas y el canto de las sirenas

Uno de los problemas más alarmantes de nuestro tiempo es el apetito humano por las drogas, sustancias poderosas y adictivas que alteran el estado de ánimo y la conciencia, intoxican y producen placer o euforia. Las drogas siempre han estado con nosotros. Esta realidad responde a la necesidad del ser humano, casi instintiva y universal, de anestesiar el sufrimiento, de olvidar las frustraciones de la vida y de alterar su conciencia para escapar del dolor, del aburrimiento y de la angustia existencial.

Quizá porque no conocemos la causa exacta de la adicción, el debate sobre las drogas hace aflorar opiniones y valores profundamente contrapuestos. Tal es el caso de la pugna entre los principios puritanos que exaltan el autosacrificio y los preceptos hedonísticos que pregonan el placer. También ha desenterrado la polémica entre quienes consideran las libertades del individuo como el bien supremo y quienes abogan por subordinar el papel de la persona al de la sociedad.

Los médicos experimentamos emociones conflictivas hacia los drogodependientes. No es raro que, aun siendo tolerantes y compasivos, muchos doctores rechacen silenciosamente a estos pacientes por su forma indulgente de comportarse, por sus escapismos, por sus engaños y por sus manipulaciones continuas. Ello explica que muchos crean que programas voluntarios no tienen sentido y favorezcan el tratamiento obligatorio como alternativa al encarcelamiento. De hecho, las estrategias coercitivas favorecen la sumisión a la rehabilitación, aunque difuminen la frontera entre remedio

217

médico y solución penal. Cualquier medida impositiva suscita en seguida el espinoso debate de si la sociedad tiene o no derecho a proteger a los incapacitados, frente al paralelo derecho de estos a tomar sus propias decisiones, aunque sean autodestructivas.

Mientras esta mezcla de desacuerdo y duda alcanza cotas sin precedentes, aumenta también el coro de quienes piden o defienden la legislación o despenalización de las drogas. Para sus partidarios esta alternativa beneficiaría al individuo y al sistema de libre mercado. Unos piensan que con la legalización dejaríamos de buscar soluciones de tipo penal para centrarnos definitivamente en intervenciones preventivas o estrictamente sanitarias. Otros dicen que como la correlación droga-crimen es muy fuerte, la despenalización serviría para eliminar miles de delitos diarios relacionados con el tráfico y consumo de drogas. Sospecho que el respaldo a la despenalización se basa, en el fondo, en la creencia de que las drogas ilegales no son tan dañinas ni tan apetecibles como muchos temen.

En mi opinión, la legalización oficial comunicaría un mensaje erróneo a los jóvenes. Les sugeriría, directa o indirectamente, que pueden usar drogas, que no hay nada malo en escaparse, «colocarse», o alterar su estado de conciencia. Por otra parte, la única forma segura de eliminar los crímenes derivados de la droga resultaría en un escenario en el que se permitiría la venta de cocaína y heroína a todos aquellos que lo solicitasen. Pues cualquier intento por limitar el acceso libre a estas sustancias inmediatamente fomentaría la aparición del mercado negro.

Desde una perspectiva sanitaria, los enormes problemas de salud pública que desataría la legalización superarían con mucho los actuales problemas de tipo delictivo asociados con las drogas. La despenalización facilitaría el acceso a drogas más puras y baratas, con lo que se dispararía el consumo hasta llegar a niveles paralelos a los del consumo de alcohol. No hay que olvidar la experiencia de China con los partidarios británicos del opio durante el siglo XIX, cuando los opiómanos se contaban por millones.

La experiencia de catorce años de prohibición del alcohol en Estados Unidos es también instructiva. En aquellos años, el consumo de alcohol declinó sustancialmente y las psicosis alcohólicas y muertes por cirrosis hepática también disminuyeron. Una vez que se abolió la *ley seca,* sin embargo, el consumo de alcohol y sus numerosos efectos secundarios, tanto sociales como médicos, aumentaron meteóricamente.

Ante el apetito humano por las drogas pienso que el papel de protector del Estado, en nombre de la sociedad, adquiere especial importancia. Nadie cuestiona la necesidad de una autoridad bondadosa durante la infancia o la profunda enajenación mental, pero también se acepta el valor de la intervención benévola de la sociedad para proteger en ciertas circunstancias al hombre de sí mismo, «por su propio bien». ¿No existen situaciones extremas bajo las cuales aceptamos nuestra debilidad para resistir un impulso autodestructivo y exigimos que la sociedad nos proteja de llevar a cabo nuestros propios deseos? Casi todos los humanos en algún momento de nuestra vida nos hemos arrepentido de alguna acción impulsiva y, en retrospectiva, deseamos que alguien nos hubiese impedido llevarla a cabo, incluso por la fuerza.

Homero ilustra este dilema en *La Odisea.* En un punto de su arriesgada travesía, Ulises sabe que va a escuchar el canto de las sirenas pero teme que si lo hace libremente será seducido por ellas y morirá ahogado. Para evitar ser víctima de esta tentación irresistible, Ulises sella con tapones de cera los oídos de sus marineros para que no oigan las llamadas de las sirenas, manda que le aten fuertemente al mástil del barco, y les ordena de antemano que ignoren sus súplicas para que le suelten, porque sabe que las hará al ser seducido por la melodía hechicera.

«¡Ven aquí, Ulises tan elogiado, honor y gloria de los aqueos! Detén tu nave y acércate a escuchar nuestras voces. Jamás un navío dobló nuestro cabo sin oír las dulces melodías que salen de nuestros labios. Después de deleitarse con ellas, quienes las escucharon se van alegres conociendo muchas cosas que ignoraban.» Así cantaban las sirenas y sus cautivadoras voces llenaban el corazón de Ulises del deseo de escucharlas. Frunciendo las cejas, Ulises hizo una seña para que los marineros le desataran, pero ellos, ejerciendo la autoridad protectora que él mismo les había otorgado, le apretaron más los nudos que le sujetaban.

Es cierto que el equilibrio entre nuestro compromiso con el derecho a la autodeterminación y nuestra tolerancia hacia el sufrimiento y la autodestrucción del ser humano, nos plantea un enorme desafío. Pero también es verdad que los beneficios potenciales de la legalización palidecerían ante el escenario dantesco, más que posible, de millones de criaturas *enganchadas*.

(Febrero de 1990.)

HOMOSEXUALIDAD Y SALUD MENTAL

Según las investigaciones del sociólogo estadounidense Alfred Kinsey, el 37 por 100 de los varones norteamericanos ha consumado al menos una relación homosexual en su vida. Esta sorprendente conclusión refleja claramente la enorme discrepancia que existe entre las pautas sociales idealizadas y las conductas sexuales reales, entre lo culturalmente anormal y lo estadísticamente normal. Actualmente se calcula que, en los países occidentales, el 3 por 100 de los hombres y el 2 por 100 de las mujeres son exclusivamente homosexuales.

Aunque la homosexualidad parece afectar uniformemente a la especie humana, tanto la concentración como la visibilidad de hombres y mujeres homosexuales varían según el grado de tolerancia y benevolencia de la sociedad hacia ellos. Incluso en los centros urbanos más modernos, liberales e indulgentes, se detectan fácilmente sentimientos profundamente arraigados de hostilidad y de conflicto hacia la orientación homosexual y hacia la amenaza que supone para la procreación, la familia y demás principios sociales y normas culturales.

En los últimos dos mil años, con algunas excepciones, la homosexualidad ha sido considerada un peligro para la supervivencia de la especie, un pecado, un vicio y hasta un crimen. Como consecuencia, los homosexuales son objeto de constante desprecio homofóbico, de humillación y repulsa.

La causa de la homosexualidad no se conoce. Unas explicaciones culpan a los genes, mientras que otras lo imputan a la crianza.

Hay teorías que se basan en causas biológicas, como las hormonas prenatales, especialmente los andrógenos y los estrógenos, que son responsables de la configuración masculina o femenina del sistema nervioso central. Otras hipótesis lo achacan a ciertas experiencias de la infancia. Una proposición bastante popular es que la adaptación homosexual que comienza en la infancia está causada por un padre o una madre que por razones diversas son modelos inadecuados para la identificación del hijo o de la hija.

Muchos psicoanalistas aducen que, si bien la homosexualidad es una posibilidad en el desarrollo de todas las personas, el problema es el resultado de una dislocación del equilibrio edípico, que da lugar a que el niño o la niña sientan un interés hacia el progenitor de su mismo sexo y se identifiquen con el del sexo opuesto. Otros ven la homosexualidad como la consecuencia de una intensa angustia de castración producida por impulsos heterosexuales incestuosos infantiles. Estas suposiciones, sin embargo, han sido rechazadas por quienes opinan que la homosexualidad se aprende y, por tanto, depende del impacto del medio sociocultural en el desarrollo del niño.

Como ha sucedido tradicionalmente con otros estados mentales que armonizan valores sociales y conductas humanas, la psiquiatría ha intentado abordar el dilema de si la homosexualidad es enfermedad o no. Al estar los conceptos de salud y enfermedad mental tan íntimamente ligados a las pautas morales y culturales, la psiquiatría constantemente asimila los valores y demandas de la sociedad. En 1952, cuando se llevó a cabo la primera clasificación de enfermedades mentales en Norteamérica, los homosexuales fueron considerados enfermos mentales que sufrían de una desviación sexual vinculada a una alteración de la personalidad. Esta conceptualización patológica, consistente con los principios conservadores de la época, fue puesta en tela de juicio en los años setenta por el movimiento homosexual de los derechos civiles. Como resultado, la psiquiatría oficial se enzarzó con grupos liberales en un amargo debate público.

En 1974, ante el asombro del mundo de la medicina, la fuerza política de los grupos defensores de la causa homosexual logró que la Asociación Americana de Psiquiatría sometiera a un referéndum democrático sin precedentes la validez diagnóstica de la homosexualidad. En el plebiscito, el 58 por 100 de más de 10.000 psiquiatras votó a favor de eliminar la homosexualidad de la clasificación oficial de enfermedades mentales.

Ya no se considera la homosexualidad una enfermedad mental. Sin embargo, algunos clínicos, particularmente psicoanalistas, continúan opinando que la perspectiva no patológica de la homosexualidad supone una trágica capitulación a presiones extracientíficas. Esta postura contrasta con la visión más generosa que el mismo Sigmund Freud tenía sobre los instintos. En 1935, en su famosa carta a una madre norteamericana que se había dirigido a él preocupada por la homosexualidad de su hijo, Freud escribió: «La homosexualidad no es una ventaja, pero no es para avergonzarse, no es un vicio, no es degradante, no se puede clasificar como enfermedad... Muchas personas muy respetables de tiempos antiguos y modernos han sido homosexuales, entre ellos grandes hombres como Platón, Miguel Ángel, Leonardo da Vinci. Perseguir la homosexualidad como un crimen es una gran injusticia y también una crueldad.»

Si consideramos la salud mental como la ausencia de enfermedad mental, o simplemente como el sentimiento de que la situación global del ser humano tiene sentido y vale la pena, o bien como la capacidad de amar, trabajar y ser felices, es evidente que la homosexualidad, en sí, no es incompatible con la salud mental. De hecho, muchas de las alteraciones psicológicas que se observan en algunos homosexuales son mera consecuencia de la exclusión, el estigma, el miedo, el aislamiento y la ruina social producidos por una sociedad hostil.

En 1981 surgió la maldición devastadora del sida. Identificada como la *plaga gay,* la epidemia ha dado un revés dramático a la causa homosexual y ha enfrentado a los hombres homosexuales con su mayor reto, probando hasta el límite su valor frente a esta cruel adversidad. El sida se ha convertido en una metáfora. Para unos con mentalidad de culpar a la víctima representa el «castigo de Dios contra quienes no cumplen con las reglas». Para otros, es el medio para repudiar «intimidades ilícitas» y para reafirmar con fervor moral los valores heterosexuales de la mayoría.

Hoy día, los homosexuales continúan siendo presas de múltiples ideologías llenas de prejuicios que les niegan la dignidad. La injusticia y el sufrimiento humano que implica esta situación, nos obliga a esclarecer el papel que desempeña el sexo en la existencia humana. La homosexualidad no es una cuestión de salud mental ni un dilema moral, sino un desafío sociopolítico y un reto a nuestra razón y a nuestra humanidad.

(Julio de 1991.)

224

Aprender a envejecer

Este siglo a punto de concluir se caracteriza por el aumento triunfante de la duración de la vida, por la victoria de la supervivencia. Como resultado de los avances espectaculares de la salud pública y de la calidad de vida, más del 13 por 100 de la población actual del mundo occidental supera ya los 65 años de edad. En Estados Unidos, por ejemplo, el porcentaje de personas con más de 85 años está aumentando en una proporción seis veces mayor que la del resto de la población. Cada día más y más gente vive una vida completa y se acerca al límite biológico de la existencia humana.

El psicólogo norteamericano Erik Erikson ha descrito recientemente la última etapa del ciclo de la vida a la que ha caracterizado por la sabiduría. Según Erikson, la sabiduría en la vejez se armoniza con una actitud realista y despegada hacia la muerte, e integra la esperanza, la voluntad, el amor y el interés por los demás. A su vez, los mayores manifiestan la sabiduría con tolerancia, profundidad, coherencia, y con la capacidad de observar y distinguir lo importante y trascendental de lo que no lo es.

Aunque todavía no se conoce con certeza la relación entre el envejecimiento, la herencia, el estilo de vida y las enfermedades propias de la edad como la aterosclerosis y el cáncer, sabemos que circunstancias, como una infancia feliz, la cohesión de la familia y las relaciones con los padres que suscitan confianza e iniciativa, están relacionadas con el bienestar después de los 65 años. Otros factores influyentes que se encuentran más directamente bajo el control de la persona de edad avanzada incluyen la disposición para llevar a cabo un repaso benévolo de la vida ya pasada, la capacidad para conservar un cierto grado de autonomía y, sobre todo, la aptitud para mantener una interacción física, emocional y social con el mundo circundante.

Igual que a los niños y adolescentes se les enseña a afrontar las vicisitudes de la edad adulta, los adultos debemos aprender a superar los desafíos de la vejez. A lo largo de la vida, algunas personas prevén, más o menos conscientemente, el carácter final de la tercera edad y experimentan fugazmente el temor a *no ser,* mientras que otras se imaginan la ancianidad a través de sus abuelos o de otras personas cercanas de edad avanzada. La mayoría, sin embargo, amparada por la negación masiva del envejecimiento que ejerce la sociedad moderna, elude hasta el final su senectud y no se prepara para esta última etapa. Como consecuencia, muchos tienen que superar grandes obstáculos, unos biológicos, otros impuestos por la ecología psicosocial de nuestro tiempo.

En primer lugar debemos aprender a adaptarnos a una perspectiva diferente del tiempo. Tras estar acostumbrados a planear para el futuro durante la mayor parte de la vida, de mayores nos enfrentamos progresivamente con la incertidumbre preocupante de un futuro que cada día se acorta más, lo que hace que los proyectos a largo plazo no tengan sentido. En la última etapa de la existencia no se aspira tanto a los logros por conseguir como a la experiencia de subsistir en un presente que es breve, que se transforma súbitamente en pasado.

En segundo lugar, en la vejez es importante aceptar la inalterabilidad de la vida ya pasada, repasar con benevolencia el ayer y admitir que ya no se dispone de tiempo para volver a caminos que no se recorrieron. El mayor peligro de cualquier revisión crítica de un pasado irreversible es que puede provocar fácilmente culpabilidad, resentimiento e incluso odio hacia uno mismo.

En tercer lugar, es esencial mantener una cierta autonomía, lo que no siempre es una tarea fácil, ya que durante esta fase tardía de la vida existen múltiples amenazas contra la autodeterminación. Por un lado, el envejecimiento del cuerpo y de los sentidos disminuye la libertad de acción, mientras que los órganos internos llaman la atención constantemente con su mal funcionamiento. Por otro, las condiciones económicas, que por lo general empeoran en la vejez, restringen la capacidad de tomar decisiones libremente. Al mismo tiempo, las aptitudes psíquicas y sociales también se van mermando, como si el proceso natural del desarrollo hubiese dado marcha atrás.

Contrariamente al mito que identifica la ancianidad con la invalidez, más del 80 por 100 de las personas de edad avanzada mantienen una vida activa y autosuficiente. Para un grupo reducido de incapacitados, sin embargo, el coste de sus cuidados constantes en la casa puede alcanzar niveles astronómicos y la única solución es la institucionalización. Desgraciadamente, muchas de las residencias para ancianos son inadecuadas, están orientadas exclusivamente hacia fines lucrativos y no proveen las atenciones y los estímulos necesarios.

La sociedad contemporánea idealiza la juventud. Lo viejo es feo, no sirve, se tira. La imagen de las personas mayores es vulnerable a estos estereotipos, de forma que ellos mismos se consideran poco atractivos, asexuales, inútiles e imposibles de ser queridos. En respuesta, algunos longevos tratan de evitar a toda costa parecer mayores, lo que a menudo da lugar a actos fallidos y humillaciones. O, por el contrario, optan por evadir todo tipo de actividades gratificantes y placenteras al considerarlas indecorosas o contrarias a las convenciones sociales. Se sienten abrumados y hasta sufren de depresión, que frecuentemente no se diagnostica ni se trata.

El envejecimiento ayuda a superar la polarización cultural que existe entre hombres y mujeres, y a llenar el vacío entre el lado masculino y femenino de la persona. En este sentido, es necesario que a medida que avanza la edad desconectemos de ciertos papeles propios de la juventud y los sustituyamos por otro tipo de metas y de funciones. Por ejemplo, atrapados en paradigmas juveniles de

227

relaciones de pareja, algunos mayores no se percatan de la intimidad real que implica abrirnos y compartir quienes somos de verdad, ese yo auténtico que sólo surge con el tiempo.

La jubilación, no importa cómo se ritualice, a menudo da lugar a falta de autonomía y a un amargo sentimiento de inferioridad y de rechazo, especialmente entre quienes el trabajo representa la fuente principal de autoestima y gratificación. El desecho indiscriminado de la población mayor activa supone una estrategia sociopolítica cruel y simplista. Además, resulta paradójica, dado que tanta gente se queja del creciente «índice de dependencia» o de la carga que los mayores imponen en las generaciones más jovenes. Muchos ancianos son testigos impotentes de la lucha de sus hijos para poder mantenerles. Para los hijos, a su vez, la labor resulta igualmente dolorosa, tanto por la magnitud de la responsabilidad como por los sentimientos de culpa y rencor que inevitablemente se producen.

En la vejez, el miedo a la dependencia, al abandono y a la soledad son las fuentes principales de angustia. Por consiguiente, la conexión o el envolvimiento con el entorno social es la condición fundamental para una senectud feliz. La interdependencia multigeneracional, dentro y fuera de la familia, ayuda a mantener relaciones estimulantes y de cariño y a superar el aislamiento que produce la muerte del cónyuge y de otros compañeros de vida. Después de todo, como las leyendas nos enseñan, los mayores son los transmisores de las tradiciones, los guardianes de los valores ancestrales, el eslabón que une las generaciones. En este sentido, la vejez aporta la inmortalidad de la continuidad existencial, la única que se puede ofrecer.

El hombre y la mujer contemporáneos deben aprender a envejecer para lograr que su última etapa de la vida sea una experiencia de sabiduría, de benevolencia, de autonomía y de participación. Hoy, una vida larga ya no es el privilegio de unos pocos, sino el destino de la mayoría. El desafío es vencer los estereotipos adversos que existen tanto dentro de la sociedad como de nosotros mismos.

(Octubre de 1991.)

LA OPCIÓN DE MORIR

Numerosos pensadores han debatido durante siglos el dilema de la existencia del ser humano, la única criatura que después de evolucionar, liberarse y concienciarse hasta trascender con nobleza y dignidad la condición animal, se enfrenta con su inevitable caducidad, con la realidad agónica de que, por especial que se crea, su final es el mismo que el de cualquier otro animal.

La idea de la muerte persigue a la humanidad más que ninguna otra cosa. El hombre y la mujer dedican enormes energías, conscientes e inconscientes, a evadir o negar la fatalidad de su destino irrevocable. Aunque no sea siempre aparente, el terror a la muerte es universal, constituye la motivación principal en la vida de la persona y nutre el instinto humano de conservación. De hecho, a lo largo de la historia, uno de los atributos más admirados es el valor de arriesgar la vida y de enfrentarse con la muerte.

Sin embargo, cada día se encuentran más personas para quienes la supervivencia se torna en amargura, vivir se vuelve intolerable, y el horror al final se transforma en el deseo de fallecer. Como consecuencia de la extraordinaria tecnología médica que existe para prolongar artificialmente la vida biológica del ser humano, uno de los mayores retos de la existencia moderna es la agonía interminable que producen muchas de las enfermedades incurables de nuestro tiempo, como ciertos cánceres, las demencias y otros procesos degenerativos del sistema nervioso. Para sus víctimas, el miedo al dolor, a la dependencia, a la soledad y a la indignidad que causan estas dolencias lentas y devastadoras es muchas veces superior al terror de la misma muerte.

El debate sobre el derecho de la persona a morir de acuerdo con sus propios términos y deseos ha pasado del mundo del tabú y de la intimidad, o de la discusión académica a puerta cerrada, a la luz pública. Por ejemplo, recientemente han surgido movimientos muy activos a favor de la legalización de la eutanasia. Si esta legitimación llegara a ocurrir, les sería permitido a los médicos quitarle la vida sin dolor, como un acto compasivo, a quienes sufriendo de enfermedades incurables así lo deseen.

La idea de la muerte misericordiosa y sin dolor provocada por un médico es muy antigua. Se basa en la noción de que la muerte no es un enemigo de la humanidad. Para quienes la vida se ha convertido irreversiblemente en una carga insufrible, en un martirio, la muerte es una buena amiga. De hecho, los médicos tienen una larga tradición de dejar morir a ciertos pacientes de edad avanzada que se encuentran en estado terminal y sin esperanzas de cura. En estos casos, numerosos pensadores modernos rechazan cualquier distinción moral entre dejar morir a un paciente sin solución, o quitarle la vida.

De todas formas, todavía son muchos los hombres y mujeres que piensan que permitir a un profesional dejar morir o quitarle la vida a otro ser humano, aunque este lo haya pedido en su sano juicio, es robarle valor a la vida, deshumanizar al médico, e imputarle al galeno un poder superior al de la misma naturaleza. Otros citan por añadidura el juramento de Hipócrates de hace dos mil quinientos años: «Nunca proporcionaré una droga mortal a persona alguna, aunque lo solicite, ni tampoco insinuaré semejante acción.»

Hay gente que se opone vehementemente a la opción de morir por razones religiosas. Para estas personas, sólo Dios da la vida y, por tanto, sólo Él la puede quitar. Algunos también temen que si se legaliza el principio de que es más compasivo terminar con la vida de un enfermo incurable que dejarle sufrir, tal filosofía acabaría por tergiversarse y ser aplicada a los minusválidos. Este grupo recuerda que quitar la vida a personas que sufren «por su propio bien y el de la sociedad» era el lema que se popularizó en la Alemania de los años veinte y que tuvo como resultado las trágicas ejecuciones masivas de ciudadanos para «purificar la raza».

Otros razonan que el que la sociedad acepte la noción de que la medicina puede disponer de la vida de un enfermo, traerá como consecuencia una forma de «eutanasia social» motivada por la conveniencia económica. Específicamente, se teme que en sociedades donde colectivos importantes de la población carecen de seguro o de recursos para afrontar los altos costes de los cuidados médicos avanzados, las instituciones sanitarias lleguen a negar a los pacientes de condición económica baja los tratamientos caros de alta tecnología que requieren ciertas enfermedades graves. No pocos tienen miedo a que incluso algunos enfermos vulnerables, preocupados por la carga económica que su enfermedad supone para la familia, interpreten el derecho a morir como un deber, o se sientan obligados a solicitar la eutanasia por temor a ser considerados egoístas o, simplemente, cobardes.

Aparte del drama personal, el morir es también un rito social en muchos sentidos. Hace años era corriente que una vez que el enfermo presentía la llegada de la agonía, llamara ceremoniosamente a los familiares y amigos, y los reuniera para comunicarles las instrucciones finales y expresar sus últimas palabras y deseos. Seguidamente, los acompañantes velaban sin descanso al agonizante y con cantos, rezos y su presencia le daban prueba de su cariño, su apoyo y su respeto hasta que fallecía.

Hoy día el ritual de la muerte es diferente. Los dramáticos avances de la tecnología médica y los cambios en la estructura de la sociedad urbana que han desembocado en una familia mucho más reducida y autónoma hacen que el proceso de la muerte se haya deshumanizado. Mientras que los enfermos de antaño morían en su casa, rodeados de parientes y amigos, los de ahora suelen expirar en instituciones, solos, conectados a un sinfín de tubos, líneas vitales de sustentamiento. Hoy resulta casi imposible vivenciar el rito personal y social de la muerte. La cultura hospitalaria no permite al enfermo presentir la agonía ni a los familiares participar de sus últimos momentos.

La intensidad y la amargura del debate actual sobre el derecho a morir con dignidad disminuirían considerablemente si la sociedad, los médicos y los políticos de la sanidad prestaran mayor atención a cómo mitigar el dolor y el sufrimiento del enfermo, si concedieran a los valores y deseos del doliente el respeto y el peso que se merecen, y si enfocaran la muerte del ser humano con más compasión e indulgencia.

Los avances de la ciencia médica han contribuido a la victoria casi milagrosa de la supervivencia. Pero, al mismo tiempo, han deshumanizado implacablemente el proceso de la muerte. Mantener a una persona viva sin considerar sus sentimientos ni su dignidad es una forma de idolatría tecnológica, un fetichismo cruel que niega la condición finita de la existencia humana a cambio de una aventura faustiana a costa del moribundo.

En nuestro empeño por dominar el aspecto más indómito de la naturaleza, no pensamos que detrás de la promesa de una larga vida se ocultaba la amenaza de una agonía lenta. La opción de morir con dignidad quizá sea el justo precio de este olvido.

(Diciembre de 1991.)

LA ECOLOGÍA DE LA URBE

El mundo está experimentando un proceso de urbanización progresiva. Los demógrafos calculan que en la actualidad casi el 50 por 100 de la población del globo vive en áreas metropolitanas, y en algunos países europeos esta proporción sobrepasa ya el 75 por 100. La urbanización del planeta comenzó hace seis mil años, cuando las primeras ciudades surgieron en la lejana Mesopotamia, en los fértiles valles situados entre los ríos Tigris y Éufrates. Esas tierras prósperas no sólo proporcionaron abundante agua y alimentos a los primeros ciudadanos del mundo, sino que, más importante aún, estimularon la convivencia y la vida social entre ellos, impulsaron su crecimiento cultural y fecundaron la ecología psicosocial urbana y la civilización.

La ecología de la urbe engloba, por un lado, la arquitectura, las piedras y el cemento, y por otro, las ideas, las emociones y los rituales. Esta extraordinaria combinación constituye el instrumento por excelencia de desarrollo y renovación del ser humano. La vida de la ciudad, con sus libertades, sus opciones y su ritmo, establece un profundo contraste con la vida rural. Extrae del hombre y de la mujer un nivel superior de conciencia e intensifica su conocimiento y sus vivencias. Al mismo tiempo, el medio de la metrópoli aviva en la persona los conflictos, las angustias y dilemas sobre su identidad, su supervivencia y el significado de su existencia.

Las ciudades son la imagen de la experiencia humana colectiva, el medio portador del saber, el caldo de cultivo de las ideas. Las innumerables huellas de la herencia de la humanidad yacen en

233

las urbes antiguas del Oriente Próximo, en las legendarias villas de Grecia y Roma, en las capitales de la Europa medieval y moderna, y en las megalópolis de América, África y el Lejano Oriente. En realidad, la historia de la civilización es la historia de las grandes urbes.

Pienso que el progreso brota del alma de la metrópoli, donde germina la fuerza de cambio que en cada momento configura el sentido de la existencia humana. A lo largo del tiempo, los acontecimientos más significativos ocurren en las ciudades, las cuales posteriormente se convierten en los símbolos de estos sucesos. Por ejemplo, referencias como el muro de Berlín o la plaza Tiananmén de Pekín son emblemáticas del papel que juegan las urbes en movimientos sociopolíticos memorables de nuestros días.

En las populosas metrópolis existen torrentes de personas con las que nos cruzamos cara a cara y nos codeamos a diario. Sin embargo, excepto en el ámbito de la vida privada, los contactos en las ciudades suelen ser breves, superficiales e impersonales. La distancia que mantenemos en estos encuentros es una estrategia para protegernos de las demandas y expectativas de los demás, o del miedo a lo desconocido. A su vez, estas relaciones apresuradas y cautelosas estimulan en nosotros la intuición para catalogar rápidamente a los demás y la racionalidad, el énfasis en la razón y el intelecto antes que en los sentimientos.

La ecología urbana consume más personas que produce. La vida es más corta en las grandes poblaciones que en las zonas rurales, la mortalidad infantil es más alta, la tasa de nacimientos es menor y se emigra más. Por tanto, la supervivencia de las urbes depende del flujo constante de nuevos habitantes. Los inmigrantes, provengan del campo, de otras ciudades o de países lejanos, aportan vitalidad, talento y diversidad, y son un ingrediente necesario e inevitable del carácter de la metrópoli. La migración, sin embargo, hace confluir pueblos, culturas, razas y lenguas dispares, lo que bajo condiciones socioeconómicas conflictivas, recrudece los estereotipos étnicos, la explotación entre grupos y el racismo.

No cabe duda de que las ciudades celebran y glorifican la calidad de vida, fomentan nuevos estilos de relación, y son el eje de la innovación y la creatividad. Al mismo tiempo, el escenario urbano contemporáneo ofrece incontables elecciones, vivos contrastes y una heterogeneidad impresionante. Como consecuencia, la urbe expone continuamente a sus habitantes a una vasta selección de imágenes antitéticas y discordantes. Parafraseando a Charles Dickens en *La historia de dos ciudades,* las urbes nos brindan lo mejor y lo peor, la sabiduría y la locura, la fe y la incredulidad, la luz y las tinieblas, la esperanza y la desesperación, la abundancia y la miseria. Este medio multiforme suscita en muchas personas una perspectiva relativista y tolerante hacia las diferencias que les rodean y facilita un talante pragmático y racional hacia los desafíos de la vida.

En las metrópolis los hombres y las mujeres se sienten menos coaccionados por las normas y presiones homogeneizantes tan comunes en el medio rural. Muchas de las conductas anómalas, excéntricas e inconformistas, que generalmente se suprimen o se ocultan en las pequeñas comunidades, se hacen evidentes y se aceptan en las ciudades.

Desde tiempos remotos ha existido una actitud negativa hacia la urbe. Los críticos aseguran que las metrópolis son intrínsecamente antinaturales, zoológicos humanos que engendran patología, estrés y desdicha, y nos recuerdan cómo mientras el virtuoso Abel fue el peregrino de la Tierra, el endemoniado Caín levantó la ciudad de Enoch que más tarde fue arrasada por el diluvio universal. Las metrópolis bíblicas de Sodoma y Gomorra fueron paradigmas de herejía y de vicio. Casi todas las grandes ciudades atraviesan épocas de crisis y de turbulencia, durante las que sus habitantes sufren y los ritos sociales y culturales se desintegran. A través de los tiempos, numerosas culturas metropolitanas han surgido, brillado y caído, pero siempre han revivido o han sido reemplazadas por otras, porque una vez que nació el instinto urbano del hombre, nunca desapareció.

Es evidente que en las ciudades es donde se desatan las pasiones, se libera la imaginación y se configura el futuro de la humanidad. Como ha señalado el sociólogo norteamericano Lewis Mumford, «La urbe se forjó al principio como la casa de un dios, un lugar donde se mostraban los valores eternos y se manifestaban los poderes divinos. Si bien estos símbolos han cambiado, las realidades que representan todavía perduran». La vida de la metrópoli nutre la capacidad de la persona para concienciarse, ilumina el conocimiento del individuo para interpretar los fenómenos históricos, existenciales y cósmicos que le rodean, y provee al ser humano de la autonomía, el valor y el propósito que necesita para tomar parte activa en cada escena del drama de la vida.

En definitiva, la ecología de la urbe, con su arquitectura, sus libertades, sus alternativas, sus peligros, sus contradicciones y sus relatividades, constituye un escaparate para el dinamismo de los procesos psicosociales, el progreso de la civilización, y la lucha heroica del hombre y la mujer por una mejor calidad de vida, por su realización y por su continuidad existencial.

(Marzo de 1992.)

EL OJO TELEVISUAL

Los hombres y las mujeres de antaño se sentían vigilados por los dioses o por simbólicos triángulos con ojos. Los de hoy, gracias a las ondas hercianas, son guiados por el *ojo televisual*. La televisión constituye un ingrediente indispensable de nuestro tiempo. Su ubicuidad es tan real como el aire que respiramos o la fuerza de la gravedad. No hay duda de que este medio de comunicación decide gran parte de las cuestiones sobre las que pensamos a diario y mucho de lo que conocemos del mundo.

En una noche normal más del 55 por 100 de toda la población de Occidente conecta con el escenario televisivo. En Estados Unidos, por ejemplo, el televisor está encendido un promedio de seis horas al día; los adultos pasan la mitad de su tiempo de ocio ante la pequeña pantalla, y muchos niños dedican al receptor más tiempo que al colegio.

El impacto de la televisión sobre el comportamiento de la persona es uno de los temas más polémicos y debatidos de nuestros días. Mientras investigaciones recientes demuestran que programas que contienen altos niveles de violencia pueden provocar agresividad a corto plazo en ciertos individuos ya predispuestos a ella, otros estudios igualmente fiables sugieren que estas imágenes cargadas de dureza son terapéuticas, pues alimentan fantasías que tienen un efecto catártico o de purga psicológica contra los impulsos destructivos inconscientes.

A estas alturas no creo que quede nadie por convencerse del extraordinario poder de la televisión para influenciar tanto las actitudes personales como los cambios sociales. Se ha dicho que, si el sabio griego Arquímedes hubiera vivido en nuestros días, en lugar de decir «dadme un punto de apoyo y moveré la Tierra», hubiese afirmado refiriéndose al poderoso mensaje televisado: «Me apoyaré en vuestros ojos, vuestros oídos y vuestro cerebro, y moveré el mundo de la forma y al ritmo que yo quiera.»

Como vehículo de persuasión, el medio televisivo es el más eficaz de los existentes porque ofrece el producto más inteligible, completo y penetrante; porque suscita el estímulo que menos esfuerzo mental o imaginativo exige al espectador. Además, es un sistema que transmite en ambas direcciones, pues los *ratings* y el *feedback* se encargan de notificar en todo momento a las fuentes el volumen de público y su reacción a la información recibida. En realidad, al mismo tiempo que vemos la televisión, se puede decir que la televisión nos observa, aprende sobre nosotros y, a su vez, se amolda a nuestras preferencias para persuadirnos.

Una televisión responsable y creativa, nos informa y sitúa en el tiempo y el espacio, garantizándonos cierta seguridad y confianza. También une, al ofrecernos, junto con millones de personas, la posibilidad de vivenciar y compartir situaciones de otro modo inasequibles. El mensaje televisivo relevante entretiene, pero además educa y nos ayuda a superar los estereotipos, las fobias sociales y los ideales narcisistas esclavizantes del éxito o de la belleza perfecta. Asimismo, una buena historia televisiva promueve la dignidad de la persona y el valor de la vida. Por otra parte, sirve de arena de debate para las ideas, lo que a su vez fomenta la concienciación colectiva, la defensa de la democracia, la evolución del pensamiento y, en definitiva, el continuo desarrollo de la sociedad.

Con demasiada frecuencia, sin embargo, ciertas cadenas de televisión ignoran estos principios o fines sociales. En su búsqueda de un género más vendible y rentable, manipulan la realidad y nos ofrecen programas con el mínimo denominador común intelectual, perpetuando los estereotipos ingenuos y fáciles del bueno y del malo, simplificando los argumentos, tratando superficialmente o cubriendo con una capa de azúcar los temas conflictivos y complejos, y pretendiendo engañosamente que el teleobjetivo abarca la situación en cuestión en todo su alcance y profundidad. Como consecuencia, en el espectáculo televisivo la verdad pierde a menudo relevancia y es superada por la «credibilidad», mientras que la información está saturada de *pseudoeventos,* de circunstancias que ni son verdad ni son mentira sino simplemente «creíbles».

Para bastantes espectadores los teleprogramas se han convertido penosamente en un sustituto de la imaginación y de la iniciativa, en una especie de manjar poco nutriente pero altamente adictivo que hay que consumir compulsivamente cada día. No pocos de estos televidentes «enganchados» se sumergen en un estado semiconsciente de inercia, de letargo «vegetal», llegando incluso a experimentar, según estudios recientes, una caída del metabolismo del 12 por 100 por debajo del nivel metabólico de descanso. Para otros, la misión del espectáculo va incluso más lejos pues representa su vida *real,* hasta el extremo de que el resto de la existencia pierde significado.

En nuestra cultura narcisista, por ejemplo, la lucha infatigable y obsesiva por conseguir ser figura o estrella de televisión está adquiriendo una cualidad religiosa entre ciertos hombres y mujeres que creen firmemente que la celebridad televisiva les abrirá el camino hacia la inmortalidad. Mientras tanto, como señaló Erich Fromm, los expertos o consejeros de *imagen* se han convertido en los «nuevos sacerdotes».

La cámara de televisión es el nuevo anteojo a través del cual muchos buscan satisfacer el instinto de *voyeur,* de mirar, de excitarse sensorialmente con imágenes de poder, de dominio sobre los demás. Es justamente aquí donde se refleja la vieja fascinación del ser humano por la violencia. De hecho, hoy no nos encontramos psicológicamente muy lejos de los patricios romanos de antaño, quienes en su búsqueda de sensaciones intensas que llenaran momentáneamente el vacío de sus vidas, acudían diariamente al circo, donde se llegaba a aplicar una inventiva diabólica a la tortura humana.

El equivalente moderno del circo romano son estas figuras televisivas destinadas a representar con el mayor realismo posible toda la variedad de agresión sadomasoquista o nihilista. Lo peligroso es que nuestro papel de *voyeur* no es sólo mirar, sino participar en este tipo de función. Porque, en realidad, el contenido de un programa dice tanto sobre el medio que lo televisa como de la audiencia que lo exige o lo contempla. Son muchos los que piensan que si la sociedad es capaz de observar estas escenas es que ha perdido una parte de su humanidad.

El enorme desafío que nos plantea el *ojo televisual* se centra en el propósito que le asignemos, y también en el uso que hagamos de él. Pues este clarividente «tercer ojo» posee los poderes para iluminar, pero también para confundir, para despertar y para adormecer, para liberar y para oprimir, para humanizar y para embrutecer.

(Diciembre de 1992.)

Cultivo de la violencia

La violencia constituye una de las tres fuentes principales del poder humano; las otras dos son el conocimiento y el dinero. Estas tres fuerzas afectan nuestras vidas desde que nacemos hasta que morimos. La violencia, sin embargo, es la forma más inferior y primitiva de poder, porque sólo se puede usar para castigar, para destruir. El conocimiento y el dinero se pueden manipular tanto para premiar como para sancionar.

La violencia ha marcado la faz de la humanidad con cicatrices indelebles y ha configurado gran parte de nuestra historia. El testimonio oficial más amplio de la agresión maligna lo encontramos en los anales de la propia civilización. El catálogo es tan extenso que a simple vista resulta difícil creer que el sadismo esté limitado a unos pocos depravados.

La agresión maligna no es instintiva sino que se adquiere, se aprende y se aprende a fondo. Las semillas de la violencia se siembran en los primeros años de la vida, se desarrollan durante la infancia y comienzan a dar sus frutos malignos en la adolescencia. Es un hecho que los seres humanos heredamos rasgos genéticos que influyen en nuestro carácter. Pero también es un hecho que los factores innatos que configuran los complejos comportamientos humanos como la crueldad o el sadismo son el producto de un largo proceso evolutivo condicionado, entre otras fuerzas, por los preceptos culturales.

Igual que la única forma de aprender a amar es siendo amado, la única forma de aprender a odiar es siendo odiado. La experiencia que más nos predispone a recurrir a la fuerza despiadada para aliviar nuestras frustraciones es haber sido objeto o testigo de actos crueles repetidamente durante la niñez. Son casi incontables los estudios que han demostrado que las criaturas que crecen entre abusos, humillaciones y crueldades, tienden a volverse emocionalmente insensibles a estos horrores. Con el tiempo optan por el camino de la agresión para solventar conflictos y, una vez alcanzada la madurez, reproducen el ciclo de violencia maltratando a sus propios hijos.

La cultura es un modo de vivir. Se configura del conjunto de creencias, ritos y acuerdos sobre cómo percibir e interpretar el mundo en un momento dado. Las pautas culturales nos ayudan a adaptarnos y a encontrar soluciones a los problemas que nos planteamos a diario. Al mismo tiempo, ciertas costumbres y tradiciones cultivan actitudes y conductas violentas en la convivencia diaria.

En mi opinión, nuestra sociedad ha construido tres firmes racionalizaciones para justificar la agresión maligna: el culto al «macho», la glorificación de la competitividad, y el principio diferenciador de «los otros». Estas tres disculpas o pretextos para la violencia reflejan valores muy extendidos en nuestra época.

La cultura actual idealiza la «hombría», celebra los atributos duros de la masculinidad, los estereotipos viriles, las imágenes provocadoras del «macho bravío». Esta figura suele estar representada por el hombre implacable, duro y despiadado. Un ser que reta sin miedo, persigue el dominio de los otros y no expresa sentimientos. Esta mezcla idealizada de comportamientos masculinos agresivos, impregna más o menos explícitamente la subcultura de los niños, sus lecturas, sus programas televisivos, sus deportes y sus juegos de vídeo. Los varones jóvenes suelen manifestar pronto esta imagen proverbial de hombría bebiendo, blasfemando, peleando y fornicando. Y a medida que crecen, este modelo sirve para justificar la liberación de sus impulsos violentos en el mundo del ocio, en el trabajo y en sus relaciones con otras personas.

La glorificación de la competitividad es el segundo ingrediente cultural que fomenta la violencia. Hoy sufrimos hambre de concurso. En nuestra cultura se exalta la rivalidad y se admira el triunfo conseguido en situaciones de enfrentamiento que siempre requieren un vencedor y un vencido. La creencia de que el antagonismo y la pugna son elementos necesarios y deseables en todas las actividades de la vida diaria está profundamente imbuida en la sociedad occidental. El argumento de que vivimos en una lucha continua en la que los fuertes sobreviven mientras los débiles perecen en el intento, es promulgado sin cesar por los medios de comunicación. Al mismo tiempo, estas imágenes son representadas en la literatura de ficción y no ficción, en los tratados de historia, en el cine, en el teatro y en la letra de las canciones modernas.

La tercera racionalización cultural promotora de violencia se basa en el principio de «los otros». Esta proposición postula que existen grupos de personas con las que no tenemos nada en común. El fundamento, casi siempre sobrentendido, de «los otros» ofrece una excusa inmensamente cómoda para la agresión. De hecho, la creencia o el deseo de que los grupos «diferentes» están afligidos por defectos repulsivos, nos da permiso para rechazarlos, deshumanizarlos y cometer actos violentos contra ellos.

Así pues, nuestra cultura construye sus propias justificaciones de las conductas violentas y provee las normas de la licencia que nos va a permitir desatar impunemente los impulsos sádicos. Estas excusas no sólo facilitan la subyugación y el sufrimiento de las víctimas, sino que también cultivan la prepotencia, la explotación y el fanatismo en los verdugos.

Pienso que, en el fondo, nuestra cultura posee un carácter ambivalente, tiene un aspecto divino y otro diabólico, combina el más alto grado de protección y de control social con los mayores incentivos y disculpas de la agresión. No obstante, no debemos ignorar que si miramos hacia atrás y reflexionamos sobre las costumbres del pasado, una cosa está clara: las modas del despotismo, la crueldad y la intolerancia van y vienen, pero con el tiempo, los cambios justos perduran. Según la Biblia, mucho antes de Noé, «la tierra rebosaba de violencia». El hecho de que hoy vivamos en un mundo mucho más democrático, tolerante y pacífico es un tributo al poder socializador de la cultura.

(Septiembre de 1995.)

EL CULTO AL MORBO

Los hombres, las mujeres y los niños se han deleitado con escenas y relatos morbosos desde los comienzos de la civilización. Estas historias se sustentan en ritos tan antiguos como nuestra especie. Su temática casi siempre se ha basado en la agresión despiadada contra un chivo expiatorio. Para apaciguar al público, la trama suele concluir con el ultrajado saldando cuentas con el verdugo.

Un ejemplo paradigmático de nuestro morbo es la Pasión de Jesucristo, especialmente la crucifixión. De hecho, las escenas más punzantes y provocativas del cristianismo son las que muestran con detalle el sufrimiento y la tortura de Dios durante su paso por el mundo. Los actos de sadismo que configuran la Pasión han constituido durante siglos la imagen emblemática de la institución de la Iglesia, su lema publicitario más efectivo a lo largo de los tiempos. En el corazón de la mitografía cristiana se celebra un rito morboso, sorprendente y fascinante.

El morbo también abunda en los cuentos infantiles poblados de ogros y dragones, de víctimas de ensañamientos salvajes, de infanticidios y de actos de canibalismo. Muchos de los argumentos que nos fascinan a los adultos están impregnados de la misma agresividad folclórica que caracteriza las fábulas proverbiales de *Caperucita roja, Barba Azul* o *Los tres cerditos*.

El ser humano ha dedicado una enorme energía a crear y transmitir situaciones de violencia que impacten, que cautiven. Antes de que existiera la fotografía, las historias de atrocidades eran relatadas, cantadas, escritas, pintadas, bordadas, esculpidas o escenificadas. Hoy, el celuloide y el vídeo nos ofrecen la posibilidad de embelesarnos con una fuerza especial ante la figura del verdugo y su víctima en movimiento.

Durante mucho tiempo las imágenes cinematográficas y televisivas más irresistibles mostraron a jóvenes valientes, altruistas y justicieros que se enfrentaban a déspotas y villanos con más fuerza de la necesaria. También abundaban los detectives que intimidaban a los criminales, o los *cowboys* que humillaban con gusto a los indios. En la última década, la violencia sigue salpicando películas y vídeos, pero su representación se ha acercado más a los dibujos animados. Por ejemplo, en películas como *Instinto básico, Asesinos natos, Arma letal* o *Die hard,* los motivos para matar no están tan claros y las agresiones a manos de renegados incapaces de remordimiento son más bien parodias caricaturescas. Estos productos se venden muy bien en todos los países, pues son cortos de palabra y no necesitan traducción. Precisamente los actores internacionales más populares —Arnold Schwarzenegger, Sylvester Stallone, Bruce Willis, Michael Douglas o Sharon Stone— son los que interpretan los papeles más feroces y sanguinarios.

Sin embargo, un nuevo morbo está penetrando la cultura de masas de Occidente. Su característica fundamental es la exaltación del hombre masoquista con su doble sádico. Hoy prosperan los argumentos de seres humanos dañados que cambian rápidamente de la bondad a la crueldad y viceversa, como la luz de los semáforos se muda del verde al rojo. Este tipo de persona, a la vez sensible y despiadada —representada vivamente en la película de Quentin Tarantino, *Pulp Fiction*—, se ha convertido en la materia prima de Hollywood.

En la actualidad, tanto en el cine y la televisión como en la vida real, el éxito del fracaso nos fascina. Esta ética del perdedor se desliza de arriba abajo en la escala social. En el extremo más alto se encuentra la generación *posyuppie,* miles de chicos y chicas acomodados que se recrean en la caída libre en el mundo de la gente de mal vivir. En el punto más bajo están los jóvenes de las barriadas marginadas reales, para quienes la desmoralización no es una pose y ser un fracasado no es una afectación. Estos personajes representan la estética de la frialdad, de la apatía y del aburrimiento que va más allá del hastío y se transforma en el deseo nihilista de terminar con todo.

Junto a la glorificación de lo vil y patético se produce una competición para ver quién llega más abajo, quién es más indiferente, quién *pasa* más, quién está más atrapado en el trauma de la vida, quién es más cadáver, quién huele más a muerto. Estamos encandilados por un mundo en el que los miserables no pueden hacer nada malo, nunca yerran. En cierto sentido, manda la atracción por lo degenerado, lo despreciable, lo infame. El eslogan de moda es «¡disfruta de tu síntoma!». Pero a diferencia de las historias y escenas tradicionales en las que al final los actores se salvaban, hoy estas figuras desesperadas no creen en la redención. Me parece que, en el fondo, nos encontramos en una cultura de identificación con las víctimas. Es ahí, con las víctimas, donde sentimos que está realmente nuestra identidad secreta.

La música popular y sus artífices —desde Amadeus Mozart a Tupac Shaku, pasando por Frank Sinatra, Elvis Presley, Kurt Cobain y Michael Jackson— han reflejado en todas las épocas las tendencias lúdicas del momento. Hoy, la melodía *grunge* y las canciones duras «habladas» del *gangster rap* validan el atractivo juvenil por las historias de rebeldía, de desidia y de agresión. Por ejemplo, una de las piezas de más éxito se titula *Mata a gusto* —*Kill at will*— y otra igualmente famosa, *La mente de un lunático,* dice en su letra: «Su cuerpo es tan bello que pienso en violarla... córtale la garganta y mira cómo se menea.»

El culto al morbo es tan humano porque las representaciones de atrocidades siempre han resonado dentro de nosotros con una fuerza especial. Los impulsos y deseos agresivos tienen la propiedad de ser tabú, de estar prohibidos, de producirnos culpa y miedo de nosotros mismos. Estas caricaturas que hoy miramos o escuchamos con todo regusto son un purgante psicológico que nos libera indirectamente de nuestras ocultas tendencias destructivas, nos limpia de nuestra crueldad reprimida. En el fondo, una cierta dosis de morbo es saludable. Satisface nuestras fantasías de poder, nuestros sueños de dominio y anhelos de venganza sin ninguna consecuencia negativa. En gran medida es algo parecido a lo que ocurre con el entretenimiento de los niños.

Los pequeños se deleitan escuchando relatos de terror y escenificando en sus juegos situaciones crueles y conflictivas que no pueden verbalizar, o comportamientos agresivos que no pueden llevar a cabo en la realidad. Sin embargo, todas las criaturas reconocen que la diferencia entre las personas buenas y las malas es que las buenas se divierten, se imaginan o sueñan con actos malévolos irreales, mientras que las malas los ejecutan de verdad.

(Marzo de 1996.)

248

COCIENTE DE INTELIGENCIA

Pocos productos de las ciencias sociales y psicológicas despiertan tanta controversia, encienden tantas pasiones y crean tanta confusión como el cociente de inteligencia o CI. Esta definición aritmética consiste en dividir la edad mental de la persona —calculada mediante un examen de la capacidad intelectual— entre la edad cronológica y seguidamente multiplicarla por cien. Los debates suelen ser tan agrios que al final generan más vehemencia que entendimiento, más disparate que claridad.

Sin ir más lejos, la reciente publicación de *La curva de Bell,* un libro en el que los psicólogos estadounidenses Richard Herrnstein y Charles Murray proponen que la inteligencia tiene una base genética, es inalterable y es, en gran medida, responsable de la integridad moral de las personas, detonó una impresionante bomba social a nivel internacional. No pocos han denunciado esta obra como una proposición ingenua, un fraude académico o una chapuza estadística. Otros reconocieron en ella una ideología perversa y discriminatoria que alimenta esquemas eugenésicos totalitarios, divide a la sociedad y justifica políticas sociales mezquinas y racistas.

A raíz del descubrimiento de las pruebas de inteligencia a principios de siglo por el psicólogo francés Alfred Binet, y del invento, en 1912, del fatídico *CI* por su colega alemán William Stern, la exaltación de la *individualidad* de la persona se convirtió en una obsesión irresistible de la psicología. Es cierto que el cociente de inteligencia ayuda a diagnosticar ciertos problemas del desarrollo

249

intelectual en niños. Pero también es verdad que con demasiada frecuencia es utilizado como argumento para justificar la superioridad de las *elites intelectuales* sobre otros grupos considerados biológicamente menos valiosos, menos buenos y, en definitiva, menos humanos.

Hoy el *CI* es una metáfora, un potente símbolo imbuido en nuestra cultura narcisista y competitiva que capta y refleja la filosofía particular de sus usuarios y las expectativas o necesidades de la sociedad. Para muchos ha adquirido además un valor místico. Por ejemplo, los pocos que conocen su *cifra* —pues el *CI* suele guardarse en archivos confidenciales a los que no tienen acceso ni los mismos examinados— sienten que poseen una información muy personal y secreta. Y mientras quienes rondan la media del cien no se atreven a confesar su *gris* normalidad, los afortunados que superan el techo de ciento veinte tampoco se arriesgan a anunciarlo por miedo a provocar una reacción de incredulidad en los oyentes. Al final, todos se preguntan con curiosidad, pero en silencio, si con otro cociente distinto su vida hubiese sido diferente.

Yo creo que en el excelso templo de las virtudes, la inteligencia cognitiva o académica que mide el *CI* ha sido puesta en un lugar mucho más alto del que se merece. Su identificación con las cualidades más atractivas de la persona es científicamente errónea y humanamente desafortunada. La historia ha estado salpicada de hombres y mujeres de habilidades cognitivas excepcionales. Un repaso de casos documentados de prodigios, desde Wolfgang Amadeus Mozart, Franz Schubert, Felix Mendelssohn y otros portentos musicales, a los sabios matemáticos Blaise Pascal y Norbert Wiener, pasando por genios del ajedrez y calculadores humanos de increíble memoria, nos convence de que estas lumbreras nacen y se hacen. Sus biografías ilustran el componente innato del intelecto, pero además demuestran que el desarrollo y funcionamiento del entendimiento y la imaginación están condicionados por las emociones, la personalidad, la educación, las experiencias, el ambiente familiar, las fuerzas sociales y la cultura. Los seres humanos nacemos con un programa genético que influye en la configuración de nuestra lógica matemática. No obstante, nuestra verdadera herencia es la capacidad para aprender, para realizarnos, para convivir, para adaptarnos, para evolucionar y para forjar nuestro propio destino.

Numerosos estudios demuestran que un *CI* alto no garantiza la prosperidad, ni el prestigio, ni las amistades, ni una familia dichosa, ni la paz de espíritu. Por el contrario, las personas que están preparadas emocionalmente tienen ventaja en cualquier aspecto de la vida, tanto si se trata de mantener una relación de pareja como de captar las reglas informales que gobiernan el éxito en la política de las organizaciones. Como leemos en *El pequeño príncipe* de Saint-Exupery, «vemos bien con el corazón, lo más esencial es invisible a los ojos». Todos conocemos hombres y mujeres de elevado *CI* que son pilotos desastrosos de sus vidas privadas. Sufren profunda torpeza emocional o social y pasan por el mundo dando tumbos. Por el contrario, otros con un cociente modesto funcionan y se adaptan sorprendentemente bien. Los más inteligentes pueden hundirse en la turbulencia de sus impulsos y pasiones. Y es que para superar los desafíos que nos plantea la vida y formular nuevas cuestiones que nos permitan el avance del conocimiento, necesitamos dos mentes, una que piensa y otra que siente.

Se ha dicho que, como mucho, la inteligencia académica sólo contribuye en un 20 por 100 al éxito en la vida. Pienso que, sin olvidar a la suerte, nuestro nicho en la sociedad depende además de otras muchas *inteligencias:* la inteligencia emocional, la social, la musical, la artística, la comunicativa, la inteligencia del sentido del humor y la inteligencia inconsciente que gobierna la intuición. Gracias a estas aptitudes y talentos, nos motivamos y conseguimos superar las frustraciones; moderamos nuestros impulsos, regulamos los sentimientos y evitamos que nos abrume el estrés o interfiera con nuestra capacidad para razonar o tomar decisiones. También nos ayudan a resolver conflictos y a analizar correctamente situaciones sociales problemáticas, a desarrollar el carisma, el «don de gentes» y el liderazgo; a hacer y conservar amigos, y a reconocer y sentir las emociones de los demás, lo que es la esencia de la compasión y la empatía.

El cociente de inteligencia es un fruto del reduccionismo aritmético, un indicador demasiado miópico y estricto como para ser útil. Me figuro que sus admiradores han sido seducidos por el paradigma del ordenador como modelo de la mente, olvidando que el cerebro no es una estructura seca, estéril y fría de silicona, sino una masa blanda, húmeda y pulsatil que está flotando en un caldo de sustancias neuroquímicas. Las inteligencias humanas son complejas, cambiantes y emocionales y no pueden medirse por las respuestas a una simple lista de preguntas. En el fondo, el CI es una consecuencia de la manía por etiquetar, clasificar y ordenar cuantitativamente a las personas, un ingenio que obedece a la compulsión ancestral por separar a los *buenos* de los *malos*.

(Abril de 1996.)